音楽科授業サポートBOOKS

「音楽」のユニバーサルデザイン

授業づくりをチェンジする15のポイント

増田謙太郎 著

明治図書

はじめに

　「音楽好き，音楽の授業はもっと好き！」
　子どもたちが目を輝かせて取り組んでいる音楽授業。そのような授業をつくっていきたい。本書を手にとっていただいた先生方，共通の思いではないだろうか。
　しかし，現実は厳しい。
　「前の先生の教え方は自分に合っていた。今の先生になってから最悪！」
　「前の先生は何を言っているかわからなかったけど，今度の先生はすごく素敵！」
　音楽を担当する教師の教え方によって，子どもが「音楽好き」や「音楽ギライ」になってしまうことがある。
　授業者の数だけ，指導法が存在する。それが音楽授業の魅力であるかもしれない。しかし，子どもにとってはわかりにくさの原因でもある。
　もう一つ注目すべきは，子どもの多様性である。
　例えば，目で見て理解することが得意な視覚優位な子どもには，リズムを手で打っているところや，楽器を弾いているところを見せるとよい。聴いて理解することが得意な聴覚優位な子どもには，お手本となる音を聴かせるとよい。子どもによって，得意な理解の仕方が異なる。子どもによって大きく左右される。それが音楽科の宿命ともいえる。
　本書は，音楽科のねらいを達成することを第一義としながら，ユニバーサルデザインの視点から音楽授業の改善を図ることを目的としている。音楽授業のユニバーサルデザインとは，より多くの子どもにとって，音楽科のねらいに沿った学習がしやすくなることである。
　音楽室の学習環境や教材や教具などについて，本書では15のチェンジのポイントを示した。それは，子どもが学習しやすくなるためのちょっとした工夫である。本書をヒントにチェンジして，音楽室にいる多様な子どもたちが，授業のねらいを達成できれば本望である。

Contents

はじめに

1章 「音楽」のユニバーサルデザインの考え方とポイント

音楽授業のユニバーサルデザインとは？ ……………………… 8
今までの音楽授業をチェンジする視点 ………………………… 12
多様な子どもと音楽授業での困難さ …………………………… 16
全体学習，グループ学習，個別学習のポイント ……………… 22
音楽科の評価と特別支援教育 …………………………………… 26
Column UDL「学びのユニバーサルデザイン」……………… 30

2章 ユニバーサルデザインの視点でチェンジする授業づくり15のポイント

学習環境をチェンジする ………………………………………… 32
教材や教具をチェンジする ……………………………………… 36
グループ学習をチェンジする …………………………………… 40
教師と子どものコミュニケーションをチェンジする ………… 44
教師のパフォーマンスをチェンジする ………………………… 48

指示や説明をチェンジする	52
発表の仕方をチェンジする	56
発問をチェンジする	60
常時活動をチェンジする	64
〔共通事項〕の指導をチェンジする	68
音楽科における道徳教育をチェンジする	72
ワークシートをチェンジする	76
板書や掲示物をチェンジする	80
音楽会をチェンジする	84
評価の声かけをチェンジする	88
Column　教師の多様な音楽の楽しみ方	92

3章　ユニバーサルデザインの視点でつくる新しい授業プラン

歌唱の授業をチェンジ

第1・2学年	94
第3・4学年	98
第5・6学年	102

器楽の授業をチェンジ

第1・2学年 …………………………………………………………106
第3・4学年 …………………………………………………………110
第5・6学年 …………………………………………………………114

音楽づくりの授業をチェンジ

第1・2学年 …………………………………………………………118
第3・4学年 …………………………………………………………122
第5・6学年 …………………………………………………………126

鑑賞の授業をチェンジ

第1・2学年 …………………………………………………………130
第3・4学年 …………………………………………………………134
第5・6学年 …………………………………………………………138
Column　同じ楽器の演奏者でも ……………………………………142

1章

「音楽」のユニバーサルデザインの考え方とポイント

音楽授業の
ユニバーサルデザインとは？

> **Point**
> ◆なぜ，音楽授業のユニバーサルデザインが必要なのか。そもそも，音楽授業は何を目指しているのか。

1　楽器や歌で困ったことは？

　鍵盤楽器を初めて練習した時のことを思い出してほしい。鍵盤のどこか「ド」なのか「レ」なのか，わからなくて困ったという経験はなかっただろうか。

　鍵盤に「ド」と書かれたシール，「レ」と書かれたシールなど，ドレミをシールで貼るようなことをした人もいるだろう。
　初心者が鍵盤楽器でまずつまずくのは，鍵盤のドレミの位置がわからないことである。鍵盤のドレミの位置を覚えていないから，どこを押せばよいかがわからない。
　楽譜も同じ。五線譜上の音符の位置の，どこが「ド」なのか「レ」なのかを覚えていないから，すらすらと楽譜が読むことができない。
　覚えていない。覚えられない。音楽において初心者は「記憶」しなければならないことが多い。

つまり，子どもたちが楽器を弾くため，楽譜を読むためには，「記憶」に頼る部分が多いのだ。

記憶に頼らなくてもすむようにすること，それが「支援」である。例えば，鍵盤楽器であれば「鍵盤に音名が書かれたシールを貼ること」であり，楽譜であれば「音符の上にドレミと書くこと」である。音楽授業でもよく取り入れられている。

考えてみれば，どんな人だって支援が必要だ。カラオケで歌う時，流行りの新しい曲を歌ってみたい，けれど，歌詞やメロディを正確に覚えていない。そのようなことがあるだろう。

カラオケでは，ディスプレイに歌詞が表示されたり，ガイドメロディが流れたりする。これは「支援」である。あるのが当たり前すぎるから，意識していないだけだ。

2 よりよい支援にしていくためには

すでに多くの学校現場では，子どもたちのために支援をさらに充実させていこうという取り組みがなされている。

例えば，鍵盤に貼るシールを，「ド」は赤色，「レ」は黄色など，音ごとにシールの色を変えていくこと。同色だけに比べて，わかりやすくなる。

「歌詞を拡大して掲示する」「楽譜を色分けする」「リズムがわかるように音符のカードをつくる」など，音楽を視覚的に示していくこと。これもまた，子どもたちにとって，授業がわかりやすくなるための支援である。

視覚的に示すようにしていけば，効果があるといわれている。

しかし，本当の意味で「よりよい支援」とするためには，ただ単に視覚的に示すだけでは十分でない。より多くの子どもにとって，質的に「よりよい支援」になっているかどうか，それがこれからの課題である。

質的に「よりよい支援」とは何か。それは，音楽科の教科としてのねらいを子どもが達成できるための支援のことである。

3　音楽授業のユニバーサルデザインとは

音楽授業のユニバーサルデザインとは「より多くの子どもにとって，音楽科のねらいに沿った学習がしやすくなること」である。

ただ歌えばよい，ただリコーダーを吹けばよい，ただ音楽を鑑賞すればよいというのなら，音楽授業をユニバーサルデザイン化していく必要はない。

音楽科は，ただ歌えばよい，という教科ではない。

例えば，歌唱の指導では「思いや意図をもって歌いましょう」。器楽の指導では「曲の特徴にふさわしい表現を工夫してリコーダーを吹きましょう」。鑑賞の指導では「曲や演奏のよさなどを見いだして聴きましょう」など，音楽科では，歌唱や器楽などの学習活動を通して，音楽的な知識と感性を育てていくことにねらいがある。

音楽が得意な子ども，合唱団に入っている子ども，将来演奏のプロになる子どもだけの音楽的な知識と感性が育てばよいのではない。授業を受けるすべての子どもたちが対象である。

音楽が得意・苦手，好き・嫌い，うまくできる・できない，それが音楽授業に参加する子どもの多様性である。子どもたちの多様性を踏まえて，一人でも多くの子どもにとって，音楽科のねらいに沿った学習がしやすくなる授業を目指していくこと，それが音楽授業のユニバーサルデザインの目的である。

4 授業場面ごとにチェンジのポイントがある！

　授業場面の形態は，全体学習，グループ学習，個別学習の三つに分けることができる。
　現在の学校教育では，基本的には全体学習の場面が中心である。全体学習とは，一人の教師が子どもの集団に対して行っていく授業である。
　全体学習の場面で，子ども一人一人，個別に応じるのは，現実的には相当難しい。だからこそ，発問，板書，ワークシートなどを，より多くの子どもにとって「わかりやすい」ものにしていかなければならない。
　全体学習のチェンジのポイントは，「より多くの子どもにとって，授業内容は変えずに，授業をバリアフリーにすること」である。子どもが「わかりにくい」と感じるもの，それが授業における「バリア」である。
　グループ学習は，集団のサイズが小さくなるので，子どもたちの主体性を生かし，対話型の学習を進めやすい。グループ学習のチェンジのポイントは，「子どもたち自身で主体的・対話的で深い学びができるように，多様な選択肢を用意すること」である。
　例えば体育授業では，跳び箱やマット運動などで，自分で取り組んでみたい技や難易度を自分で選んでそれぞれの練習場所ごとに学習活動を行っていくことがある。それと同じように，音楽授業でもただ集団サイズを小さくするだけで学び方を画一的に揃えるのではなく，子ども自身が自分の学び方に合わせることができるように多様な選択肢を用意していくことが必要である。
　そして，全体学習やグループ学習において個別の指導が必要だと思われる子どもには，個別学習を行っていく。個別学習のチェンジのポイントは，「一人一人の特性や実態に応じて支援したり，わかるように指導したりすること」である。
　「どうして困っているのか」「なぜできないのか」という根本的な原因を分析し，その子どもの特性に応じた指導・支援をすることが求められる。

今までの音楽授業を
チェンジする視点

> Point
> ◆「楽しい音楽授業」になることが，音楽担当教師の願いであるといっても過言ではない。
> ◆ここでは逆に「つまらない音楽授業」を分析してみよう。「つまらない音楽授業」になる要因とはいったい何なのか？

1 音楽は好きだけど，音楽授業はキライ

「音楽は好きだけど，音楽授業はキライ」
音楽担当教師として，これほど胸に突き刺さる言葉はない。
しかし，ここは目を背けずに，なぜそのような声があがるのかを分析してみよう。
子どもの頃「音楽は好きだけど，音楽授業はキライ」だった人に，なぜそうだったのかを尋ねた。すると，「先生の教え方が自分には合わなかった」という声があった。逆に「音楽の授業が好きだった」という人に尋ねると，「先生の教え方が自分と合っていたから」という声があった。
つまり，教師の指導法にぴったり合った子どもは「楽しい音楽授業」になり，教師の指導法と合わなかった子どもは「つまらない音楽授業」になる可能性がある。つまらないものは「キライ」になっても仕方がない。
教師は，自分自身が基準と勘違いしやすい。「自分がわかりやすいものは，子どもにとってもわかりやすいはず」と思い込み，「子どものため」と一つの指導法を押しつける勘違いをおかしてしまうことがある。

「この指導法が一番！」「この指導法なら絶対子どもたちはわかるはず！」と，教師が思い込みや勘違いをしている限りは，多様な子どもたちには対応できないと断言する。

2 その教え方で伝わるか？

例えば，歌唱の学習で，フォルテの音量で歌うように指導したい時，いつもこのようなイメージ的な指示をしている教師がいたとする。

 胸をはって自信をもった声で，歌いましょう！

おそらく，この教師自身の音楽経験の中で，フォルテとは「胸をはって自信をもった声で」というイメージが，自分にとってわかりやすかったのではないだろうか。いつもこのようなイメージ的な指示をしているのであれば，かなり高い確率でそうであると推察される。

だから，子どもたちにもイメージ的な指示をすれば伝わるだろうと思い込んでいる。「自分がわかりやすいものは，子どもにとってもわかりやすいはず」という勘違い。それが落とし穴である。

もちろん，「胸をはって自信をもった声で」のようなイメージ的な指示で理解できる子どももいる。その子どもにとっては「わかりやすい」。

しかし，「これまでより2倍の声量で」と数値的な指示の方が理解しやすい子どもだっている。「これくらい！」と教師が実際にフォルテの声を出すことでようやくわかる子どももいる。

イメージか数値か大声か，どれが正解かという話ではない。どれがわかりやすいかは，子どもたち次第である。「子どもの理解の仕方は多様である」ということを押さえてほしい。

人間は誰でも，自分の感覚や認知に合っていればわかりやすいし，自分の感覚や認知と異なっていたらわかりにくくなる。

1章 「音楽」のユニバーサルデザインの考え方とポイント 13

3　教師のユニバーサルな感覚が生命線！

　これまでの音楽授業は，教師のやり方に「子どもたちが合わせてきた」時代だったと思う。合わせられない子どもは，残念ながらドロップアウトし，「音楽は好きだけど，音楽授業はキライ」になっていった可能性が高い。
　授業のユニバーサルデザインでは，子どもたちの多様な学び方に，教師が合わせていく。
　実際に音楽授業を受ける子どもたちの多様さを認めること，今こそ教師のユニバーサルな感覚が問われるのである。
　「このやり方なら子どもはわかるはず。なぜなら私がそうだったから」
　繰り返すが，これは教師の思い込みにすぎない。自分自身の感覚が絶対正しいと思い込んでいる教師は，どんなに音楽的な技量に優れていても，これからの時代を担う子どもたちを育てる資質・能力に欠けると言わざるを得ない。
　もしかしたら，指導経験豊富なベテラン教師は言うかもしれない。
　「私の指導法で今まで子どもは力をつけてきた。だから，新しい方法を試す必要はない」
　もちろん，その教師のやり方で力をつけてきた子どもにとっては幸せだっただろう。
　しかし，本当にすべての子どもに力をつけてきたのか，本当に音楽嫌いの子どもを生み出さなかったか，というところに立ち止まって考えてみてほしい。もしかしたら，子どもの本当の気持ちに気づいていないだけではなかったか。
　いや，本当にすべての子どもに力をつけてきた真のベテラン教師とは，もしかしたら意識せずとも，子どもたちの多様さに気づき，子どもに合った指導を重ねてきている教師なのかもしれない。
　若手，中堅，ベテラン教師にかかわらず，すべての教師がこれまでの実践

を振り返り，ユニバーサルな感覚をもって，授業力の向上に努めてほしいと願う。

4 「リズムがとれない」子どもがいたらどうするか？

　例えば，「リズムがとれない」子ども。子どもの多様な特性に応じていくと，いろいろな指導法を考えることができる。
　ポイントは，子どもの「優位な」特性を生かすことである。同じ「リズムがとれない」という課題があっても，子どもたちの理解のしやすさは多様である。「理解しやすい」方法が，子どもの「優位な」特性を生かした指導である。

【視覚優位な子どもへの個別指導】
　子どもの目の前で教師が実際にリズム打ちをやって見せたり，メトロノームの動きや点滅などを見せたりするとよい。
　「見せる」ことが，視覚優位な子どもへの指導のポイントである。

【聴覚優位な子どもへの個別指導】
　拍を刻んでいる音がその子どもに聞こえるようにする。小太鼓の響線をはずした音や，カウベルを木琴のマレットでコツコツコツと打つ音など，他の音と区別しやすい音を使うとよい。

【論理的思考が得意な子どもへの個別指導】
　「3連符は1拍の中に音を三つ均等に入れる」「付点8分音符は16分音符三つ分の長さのこと」など，リズムの原理を，言葉や図で示して，理解を促すとよい。

【体感覚優位な子どもへの個別指導】
　崩れやすいリズムだけを取り出して，階名唱やリズム唱をしながら指を動かす練習をしたり，その子どもの背中や肩を軽くタップしたりして，体感覚を活用してあげるとよい。

多様な子どもと
音楽授業での困難さ

> **Point**
> ◆「大きな音に耐えられない」「先生の指示がわからない」「比喩で説明されるとわからない」「日本語がうまく話せない」音楽授業での困難さをもつ子どもたちは，実に多様である。
> ◆ここでは，そのような子どもたちの実態と，その困難さにどのようにアプローチしていくのがよいかを考える。

1 「過敏」な子どもが音楽授業で困ることは？

　音や音楽は，時に人間に不快な感情を与えることがある。
　思わず耳をふさぎたくなる，耐えられないくらいの「騒音」。
　集中したい時に，集中を途切れさせてしまう「雑音」。
　ガラスをひっかく音や，若者だけが感じるモスキート音のように，人に嫌悪感を与える「不快音」。
　音だけではない。音楽も，シチュエーションの違いで感じ方が変わることがある。たとえお気に入りの曲であったとしても，元気な時に聴くのと，失恋した時に聴くのでは感じ方が変わるだろう。寝静まった深夜に酔っぱらいが大声で歌っていたら，怒りすら覚えるかもしれない。
　見方を変えると，音や音楽を不快に感じてしまうのは，その音や音楽に対して過敏に反応しているからといえる。
　「音楽は好きだけど，音楽授業はキライ」という子どもたちの声の中には，子どもたちの多様な過敏さの特性が隠されていることがある。

❶聴覚が過敏な子ども

 大きな音がとにかく耐えられない。心臓がドキドキする。

 鍵盤ハーモニカをみんながバラバラに練習していると,頭がワンワンする。

 変声期の男子の合唱の声が気持ち悪くて我慢ならない！

　それほど気にならないような,一般的には平気で過ごせるくらいの音量・音質に対して,耐えがたいレベルの感じ方をしてしまう子どもがいる。
　がんばって我慢しようにも,我慢の限界がある。音楽授業の時間に音楽室を飛び出して行ってしまう子どもや,運動会のピストルの音が怖くて参加できないといった子どもは,まさに音や音楽に対して耐えがたい,我慢の限界レベルに達している可能性がある。そのような子どもに,無理やり我慢させるのは酷というものだ。例えば,イヤーマフを耳にあてて,音をカットする方法もある。聴覚が過敏な子どもを救う支援である。

❷触覚が過敏な子ども

 ソプラノリコーダー,押さえる時が痛すぎる！

 整列して歌う時,隣の人と肩がふれたり,前の人の髪がふれたりするのが気持ち悪い。

 木琴のマレットとか,みんなが共有で使うものが汚らしくてさわれない。

1章　「音楽」のユニバーサルデザインの考え方とポイント　17

例えば，木琴のマレットは，比較的安価で，個人で購入して所有することも十分可能である。家庭と相談して，個人で所有することで解決することができる。その子どもが音楽ギライになるのに比べたら，安くて簡単な解決方法ではないだろうか。

❸人の気持ちに過敏な子ども

音痴だから，口パクで歌っている。ぼくのせいで合唱コンクールの成績が悪かったら，みんなに迷惑かけちゃうから。

本当は合奏で大太鼓をやりたいけど，立候補したら，みんなにからかわれるだろうな。やりたいけど，やめておこう。

　人の気持ちを過剰に気にするあまり，音楽を楽しむ前の段階で，行動にブレーキをかけてしまうタイプの子どもたちである。
　このような子どもは，表立って不満を表したり，行動に移したりはせず，静かに我慢して過ごしている。もしかしたら，サイレントマジョリティなのかもしれない。
　例えば，勇気を出すために，ハンカチに好きな香りのエッセンシャルオイルを一滴忍ばせておいて，授業中に勇気が出なくなったらハンカチの香りをかぐという方法もある。

　代表的な過敏なタイプについて見てきたが，このような子どもへの支援を考えることが，より多くの子どもの存在を認める音楽授業につながっていく。

2　ワーキングメモリが支援の鍵

　国語科や算数科などで困難さを示す子どもの中には「ワーキングメモリ」

の弱い子どもがいる。ワーキングメモリとは,「一時的に情報を保持して思考や行動につなげるための記憶の機能」である。ワーキングメモリが弱い子どもは「先生の話を聞きながらノートに書く」など「○○しながら××する」ということが困難になりやすい。

　音楽授業ではどうだろうか。例えば,器楽で「楽譜を見ながら演奏する」ということは,「一時的に楽譜に書かれている音符や記号の情報を保持して」演奏することともいえる。

　つまり,音楽授業もまた,ワーキングメモリを使うことが多い。ワーキングメモリが弱い子どもたちにとって,音楽授業は,ワーキングメモリの負荷が大きくなりやすい。負荷が大きいということは,頭の中で処理しきれなくなって,「できない」「わからない」につながりやすい。

❶視覚的なワーキングメモリの弱い子ども

　「楽譜を見ながら演奏する」ことを視覚的なワーキングメモリの視点から捉えると,「視覚的に」楽譜の情報を一時的に頭の中に保持して,演奏する時に記憶を呼び起こす作業といえる。つまり視覚的なワーキングメモリが必要となる。

　視覚的なワーキングメモリが弱い子どもには,例えば楽譜を色分けすると,印象に残りやすくなり,ワーキングメモリへの負荷が小さくなる。

❷聴覚的なワーキングメモリの弱い子ども

　聴いたことを,「聴覚的に」一時的に頭の中に保持しておくことが難しいタイプの子どももいる。

　このタイプの子どもは,聴いたことを忘れてしまいやすい。だから,結果的に何をしたらよいかがわからなくなってしまう。

　聴覚的なワーキングメモリの弱い子どもは,一文が長い指示や説明が理解しにくい。だから,短く,少しずつ指示を出すことは,聴覚的なワーキングメモリへの負荷が小さくなる支援である。

> change

「リコーダーを出したら，正しい姿勢で座り，教科書○ページの2番と3番を各自タンギングで練習しましょう」

「教科書○ページを開きましょう」
「今からやることを説明します。2番と3番を練習しましょう」
「注意することを言います。タンギングに気をつけましょう」
「リコーダーを出しましょう」
（練習が始まって，少し経ったら）
「椅子に浅く腰かけるといいですよ」

　ちなみに，ワーキングメモリが強い人は長く複雑なメロディを頭の中で処理することができる。音楽が得意な人の「優位な」特性なのかもしれない。

3　社会性に困難がある子どもには「理由や根拠」

先生が「目と耳をこちらに向けて」って言うんだけど，目と耳はついている方向が違うから無理！

「おでこの上から声を出してごらん」って，声は口から出るものでしょ！

　音楽授業では，イメージを伝える時に，比喩的な表現を使うことがある。「社会性に困難がある子ども」は，比喩的な言葉を字義通りに受け取ってしまい，「そんなの無理！」と思ってしまいやすい。また，「他者の気持ちを推論していくことが難しい」子どもには，「どう思いますか？」と言うよりも，

「どうして？」と理由や根拠を問う方が有効な場合が多い。

4　日本語が母語ではない子どもには，母語も日本語も大事！

　日本語が母語ではない子どもにとって，音楽授業は言語習得の面，コミュニケーションの機会面から見て，非常に有効な学習になりうる。

❶日本語の習得のため
　歌詞に使われている日本語を，表現と一体化して覚えていくことができる。また，なにより音楽を介すると楽しく覚えることができる。

❷母語の習得のため
　日本語を話したり，理解したりすることが不十分な場合，学校では日本語教育に力を入れがちである。
　実は，日本語が母語でない子どもにとって，その子どもの言葉の発達上，大切なのは母語もしっかり育てることである。その子どもにとって第二言語である日本語を習得するためにも，母語の力はなくてはならないものだ。母語が育っていないと，そもそもの言葉の能力が不安定になってしまう。
　可能であれば，日本語学級などの個別指導の場で，母語の歌を聴かせてあげるなど，母語の力を育てる学習も意図的に行っていくとよい。

❸コミュニケーションの機会のため
　音楽，特に子どもの間で流行っている歌は，子どもたちのコミュニケーションツールとなりうる。つまり，音楽を共通の話題とするコミュニケーションである。「その歌，知ってる！　知ってる！」「かっこいいよね～！」と，流行の歌を知っていると，友達同士のコミュニケーションのチャンスが広がるものである。音楽を楽しんでいくことで，友達同士のコミュニケーションも充実し，日常生活が豊かになる可能性を秘めている。

全体学習，グループ学習，個別学習のポイント

> **Point**
> ◆【全体学習】は，より多くの子どもにとって，授業内容は変えずに，授業をバリアフリーにすること。
> ◆【グループ学習】は，子どもたち自身で主体的・対話的で深い学びになるように，多様な選択肢を用意すること。
> ◆【個別学習】は，一人一人の特性や実態に応じて支援したり，わかるように指導したりすること。

1　全体学習をチェンジするポイント

　授業のユニバーサルデザインの視点で，全体学習をチェンジするポイントは，「より多くの子どもにとって，授業内容は変えずに，授業をバリアフリーにすること」である。

❶「すべて」の子どもではなく，「より多く」の子どもにとって

　なぜ「より多く」なのか。なぜ「すべて」の子どもではないのか。「すべて」の子どものための授業のユニバーサルデザインではないのか。
　もちろん授業は「すべて」の子どものためにある。しかし，全体学習には限界があることを認めなければならない。授業のユニバーサルデザインとて，「すべて」の子どもたちにとって万能ではない。「すべて」の子どもたちにとって有効な授業にするためには，全体学習だけでなく，同時にグループ学習や個別学習も充実させていくことが必要である。

❷授業の内容は変えずに

「できない子どもにも合わせなければならないから，授業をやさしく，簡単にしよう」

これは，授業のユニバーサルデザインでよく誤解されることである。完全な誤りである。

「授業の内容は変えずに」，言い換えれば，「授業のレベルは下げない」ということが授業のユニバーサルデザインである。授業に参加しやすくすることを工夫するのであって，授業の内容自体のレベルを下げることではない。

❸授業をバリアフリーにする

低学年の子どもに，高度な楽曲に挑戦させる。多くの子どもができないか，難しいと感じるだろう。これは，授業が子どもを寄せつけない「バリア」である。楽しい雰囲気の中でゲーム的に学習活動を行えば，「できた」「楽しい」と「バリア」が下がる。

高学年の子どもに，リトミック中心の授業。「そんなのやってられないよ」「恥ずかしい」，これもまた心理的な「バリア」が働く。

そもそも，クラスが同じ年齢の子どもで構成されているのは，発達段階を揃えるためである。発達段階に応じるということは，子どもたちが感じるバリアをできるだけ少なくするということでもある。

2　グループ学習をチェンジするポイント

授業のユニバーサルデザインの視点で，グループ学習をチェンジするポイントは，「子どもたち自身で主体的・対話的で深い学びになるように，多様な選択肢を用意すること」である。

❶「主体的・対話的で深い学び」との関連

「主体的・対話的で深い学び」と，授業のユニバーサルデザイン化。どち

らもそれ自体が目的ではなく，子どもの資質・能力を育てるための手段であるという点において，向かっている方向が同じであると考えられる。

❷多様な選択肢を用意する

　これまでのグループ学習の多くは，集団のサイズをただ小さくするだけで，学び方は同じように揃える。当たり前のことで，何の疑いもなかった。
　子どもたちは多様である。ということは学び方も多様である。それならば，同じような学び方をする子どもたちでグループ編成をすれば，子どもたち同士で主体的に学びを進めることができるのではないか。学び方に柔軟性を与える発想である。
　つまり，多様な選択肢をグループごとに用意することが，子どもたちの主体的な対話を進め，そして深く学ぶことにつながっていく。

3　個別学習をチェンジするポイント

　授業のユニバーサルデザインの視点で，個別学習をチェンジするポイントは，「一人一人の特性や実態に応じて支援したり，わかるように指導したりすること」である。
　「人の話を聞くより，本を読む方が理解しやすい」「言葉で説明してくれるとわかるのだけどなあ」。見た方が理解しやすい，聞いた方が理解しやすいなど，人間には「優位な特性」がある。人と比べて「優位」なのではない。自分の中で，どの方法が「優位」なのかという意味である
　例えば，「I have a pen.」という英文を覚えるとする。視覚的に優位（見て覚えるのが得意）な子どもは，英文を何度も見ると覚えやすい。聴覚的に優位（聞いて覚えるのが得意）な子どもは，繰り返し声に出して唱えたり，音声で聞いたりすると覚えやすい。論理的思考が得意な子どもは，構文（SVO）等を理解すると覚えやすい。身体で覚えるのが得意な子どもは，何度も書いたり，何度も声に出したりすると覚えやすい。

同じように，音楽授業でも，子どもの優位な特性を生かすと，様々な支援が考えられる。

❶視覚的に優位な子どもへの支援
・楽器の弾き方は，実際にやっているところを見せる。または図示する。
・「赤い夕やけを想像しながら歌いましょう」のように，情景が具体的に映像で浮かぶような説明をする。

❷聴覚的に優位な子どもへの支援
・模範演奏や自分たちの演奏を録音して，その録音を聴いて，どこを直したらもっとよくなるのかを考える。
・「キラキラしている音色で」「ドシンドシン，とやってくるように」のように，擬音語を交えて説明をする。

❸論理的思考が得意な子どもへの支援
・「ここはさっきの1.5倍くらいの音量で」というように数字を使って説明する。
・「最初の場面は，春の情景を表している。季節が移り変わり，次の場面は，夏の情景を表している」というように，言葉を使って説明する。

❹身体で覚えるのが得意な子どもへの支援
・何度も歌ったり，演奏したりして，身体になじませるようにして覚えるようにする。
・「ここは大きな波のように，腕を使いましょう」というように，動きを伴う説明をする。
・リズムを感じる時には，膝をたたくなど，体感覚的な刺激を用いる。

音楽科の評価と特別支援教育

> **Point**
> ◆音楽科は「感性」を育む教科である。感性の育ちは評価できるものなのか。感性の育ちを評価するためには，特別支援教育の視点が参考になる。

1 「感性」を育てる指導と評価の難しさ

「指導と評価の一体化」という言葉がある。指導には，必ず評価が伴う。適切な評価をするためには，まず適切な指導が行われていなければならない。

適切な指導や評価という点では，音楽科は，教師の個性によって指導や評価が左右されやすい。教師の個性を否定するつもりで言っているのではない。指導は，その基準である学習指導要領を踏まえること。そして，学習指導要領に示された目標が達成できたかどうかを評価すること。その上で，教師の個性が発揮されるべきである。

さて，音楽科の学習指導要領では，「感性を育む」と目標に示されている。「感性」，音楽科の学習指導要領に即して正確に言えば，「音楽に対する感性」である。音楽に対する感性とは，音楽的な刺激に対する反応，すなわち，音楽的感受性と捉えることができる。音楽に対する感性は，豊かな心を育む基盤となる。

したがって，音楽科では，音楽的な感性を育てる指導をすること，そして子どもの音楽的な感性が育ったかどうかを評価することが必要となってくる。しかし，そう簡単なことではない。

2 音楽科における「感性」を育てる視点

　そもそも「感性」とは何か。もう少し詳しく考察していこう。
　例えば，私たちがお祭りに行った時，「なんか音が聴こえるなあ」という感覚をまずもつ。
　次に，「これは鐘と太鼓と笛と三味線の音だ」と知覚が働く。
　そして，「これは踊りの曲だ！」と，曲を認知する。
　「お祭りにきてよかったなあ，楽しいなあ！」と感情が動く。
　「みんなと同じように踊ってみようかな」と表現する。
　感覚，知覚，認知，感情，表現という一連の流れが「感性」のプロセスである。
　この時に，「音楽を特徴づけている要素」についての「知識」があれば「鐘の一定のリズムが特徴的だな」，「音楽の仕組み」についての「知識」があれば「同じフレーズが反復されているから簡単に踊れそうだな」ということを考えるかもしれない。
　つまり，音楽の「知識」を生かしていくと，より豊かな「音楽に対する感性」が働くということだ。
　このような例は，日常生活でもたくさんある。
　例えば，ラーメンを食べた時，「ん？　これは鶏ガラととんこつをあわせているかな？」「みそは赤みそと白みそのあわせみそかな」と，具材や調味料といった「料理を特徴づけている要素」についての「知識」があれば，ただ「おいしい」という感情や表現が，より深いものになるだろう。先ほど見た感性のプロセスが同じように働く。
　「知識」を生かして，より豊かな「感性」を育てていくこと，これが日常生活をより豊かでうるおいのあるものにしていく。
　この「知識」を生かして「感性」を育てていくという視点こそが，音楽科における「感性」を育てる視点なのである。

3 「知識を使って，何ができるようになるか」を評価する

「私は，音楽の『知識』を身につけるより，音楽は『感性』だという信条をもっている」

このように言う教師もいる。

これまで音楽科では，「知識」「感性」という言葉があいまいであり，誤解されやすかった。この教師はおそらく，曲名や作曲者を記憶したり，音符，休符，記号や用語などの名称や意味を暗記したりする「知識」のことだけを，音楽科で教える「知識」と思っているのかもしれない。

音楽科で教える「知識」とは，音楽を形づくっている要素の働きについて理解し，表現や鑑賞などに生かすことのできる知識である。

「知識」を生かして「感性」を育てていくという視点に立てば，決して，「知識」は余計なものとはならないだろう。

子どもたちが得た「知識」を使って，何ができるようになっていくか。

これは音楽科のみならず，他教科の授業でも同様である。現在の学校教育で求められていることである。

「知識を使って，何ができるようになっていくか」という視点を音楽科にあてはめると，子どもが身につけた「音楽的な知識」を生かして，「音楽に対する感性」を高めることができているか，ということが重要である。

したがって，音楽授業においては，子どもたちが音楽を形づくっている要素の働きについて理解し，表現や鑑賞などに生かすことができるような指導を行っていくこと。そして，授業を受けた子どもの「音楽に対する感性」がどのくらい育まれたのか，という点を評価していくこと。これが，音楽科における「指導と評価の一体化」である。

歌唱でも器楽でも音楽づくりでも鑑賞でも，この視点をもって授業づくりを行っていくことが求められるだろう。

4　特別支援教育の評価の考え方を参考に

　さて，そうはいっても，子どもの「音楽に対する感性」がどのくらい育まれたのかを具体的に評価することは至難の業である。
　ここは，特別支援教育の視点を参考にしてみよう。子ども一人一人は異なっており，多様である。だから，一人一人の「感性の育ち」を見取るには，特別支援教育における考え方が参考になるかもしれない。
　特別支援教育における評価は，子ども一人一人の実態に応じて，その子どもに応じた手立てを講じた上で，子どもができたことを評価していくというものである。
　例えば，今まで歌うことをいっさいしなかった子どもが，ある学期に歌うことができるようになった事例をもとに考えてみる。この事例には，特別支援教育の視点に基づく計画的な指導があった。
　まず，「あまり歌うことをしない」という子どもの実態把握をした。どうして歌うことをしないのだろうか。もしかしたら，視覚的な支援を増やしたら歌えるようになるかもしれない。それなら歌詞の表示をもっと見やすくしてみよう，と手立てを講じた。その結果，歌うことができるようになったのである。したがって，この子どもへの評価は「視覚的に見やすい歌詞を表示したところ，歌えるようになった」となる。
　手立てを講じて指導した，その結果の子どもの変容が「評価」である。このように見ると，特別支援教育の視点は，音楽科における「感性」の育ちへの評価と重なるところが多い。
　例えば，鑑賞の学習で優れた発言をした子どもがいたとする。「音楽を形づくっている要素をカードで学んだところ，曲を鑑賞した時の発言が高まった」というように，手立てをどのように講じたか，そして子どもがどのように変容したかを評価することによって，「指導と評価の一体化」を図ることができる。

Column
UDL「学びのユニバーサルデザイン」

　「学び方」の違いに応じたグループの学習活動は,「学びのユニバーサルデザイン」(UDL : Universal Design for Learning) の考え方を参考にしている。
　UDL は,アメリカのＣＡＳＴという機関が提唱している,学習者主体の授業デザインのことである。日本では「学びのユニバーサルデザイン」として,近年話題となっている。
　UDL とは,端的に言えば,子ども自身が自分に合った学習を進めることができるように,多様な選択肢を用意するというものである。UDL では,この選択肢のことを「オプション」と呼んでいる。
　つまり,授業の中で,一人一人の子どもが学び方を選べる機会をつくること。そして,その選択肢を多様に用意しておくこと。この２点を意識して授業づくりをしていくのである。
　アメリカの音楽教育と,日本の音楽教育ではスタイルが大きく異なるので,UDL をそのまま日本の音楽授業に取り入れることはもしかしたら難しいかもしれない。
　しかし,筆者の考えでは,グループ学習の場面が,これから UDL の発想を学校教育に取り入れるにあたってのモデルになるのではないかと期待している。その授業モデルは,３章で取り上げることとする。
　UDL は,様々な理論的な背景に基づいており,「UDL ガイドライン」というものも定められている。
　興味をもたれた方は,専門書等をぜひ読んで,実践に応用していってほしい。

2章

ユニバーサルデザインの視点でチェンジする授業づくり15のポイント

学習環境をチェンジする

1 その学習環境，学びにくい子どもがいるのでは？

　学習環境，特に「音楽室」の学習環境について考えてみよう。
　筆者はこれまでたくさんの音楽室を訪れてきた。音楽室のサイズや形などの違いはもちろんであるが，ピアノや楽器が置いてある位置や，子どもの机があるかないかなど，学校によって，音楽室の学習環境は様々である。（一般の教室はどこもさほど変わらないのに）
　多くの音楽担当教師は，音楽室の学習環境によって「子どもたちの学びに大きな影響が出る」と，実践的に感じているのではないだろうか。
　授業のユニバーサルデザインの視点では，より多くの子どもにとって学習しやすくするために，子どもの物理的，心理的なバリアが最小限になるようにする。
　例えば，一番端に座っている子どもには，「黒板が見えにくくて学習しにくい」というバリアが最小限になるように，座席の位置を調整する。
　不安が強い子どもには，「安心して過ごせず学習しにくい」というバリアが最小限になるように，安心して過ごせる配慮をする。
　荷物整理が苦手な子どもには，「荷物が散らかって学習しにくい」というバリアが最小限になるように，持ち物整理の工夫をする。
　その学習環境で学びにくい子どもがいるのではないかと，子どもの立場を想像すること。そして，配慮できるものは配慮を着実にしていくこと。それが，より多くの子どもにとって学習しやすい音楽室を考えていく際のポイントである。

2 学習環境のチェンジに必要な三つの視点

❶持ち物の管理が苦手な子どもだけでなく

音楽授業は，荷物が多い。教科書，楽譜やワークシートをとじ込むファイル，鍵盤ハーモニカ，リコーダーなど。音楽用のバッグを用意しなければならないほどである。

持ち物の管理が苦手な子どもは，とたんに机回りが乱雑になる。特に，机のない音楽室だと，この音楽バッグをどこに置けばよいかが大問題である。

物を整えて置く，ということは学習規律の基本だ。だが，授業中に，持ち物整理を個別に指導することは，時間的にも厳しい。

例えば，椅子の後ろにS字フックをつけておくと，音楽バッグをかけておくことができる。このような工夫で，持ち物の管理が苦手な子どもでも，荷物を整理しやすくなる。

持ち物の管理が苦手な子どもだけでなく，より多くの子どもにとっても有効な学習環境の工夫である。

❷見通しがないと不安になる子どもだけでなく

「子どもが時間を忘れて音楽を楽しめる空間にしたい。だから音楽室には時計を置いてないんですよ」と言った教師がいる。

たしかに，飲食店では「お客様が，時間を気にせずくつろげるように」というコンセプトで時計を置いていないというお店が多いようだ。なるほど，音楽を楽しめる環境づくりとしては，一理あるかもしれない。

しかし一方で，見通しがないと不安になるという子どももいる。時間がわからないというのは，不安を招くことになる。

安心して参加できるようにするためには，見通しをもたせるための工夫が必要だ。授業の流れを示したり，時間を表示したりすることは，見通しがないと不安になる子どもだけでなく，より多くの子どもにとって見通しがもちやすく，安心につながる。
　実は，授業の流れや時間を表示しておくことは，子どもだけでなく，教師にとっても必要である。なぜなら，教師は，「45分」という限られた授業時間内で，計画的に授業を進めていかなければならないからだ。

　時計だけでなく，例えばグループ活動や，楽器の練習時間などは「〇分間で」「〇分まで」と活動時間を示すことが有効である。

❸書くことに困難のある子どもだけでなく

音楽室に机は必要です。音楽の知識を定着させるためには書くことが大事だから！

いやいや，音楽室に机は必要ないですよ。開放的な空間が自由な表現につながるのです！

　音楽室の学習環境といえば避けては通れない「音楽室に机は必要か不必要か」論争である。話をわかりやすくするため，「机いる派教師」と「机いらない派教師」と命名する。
　「机いる派教師」は，子どもたちが音楽的な思考をするために，ワークシートなどを書くことを重視している。
　「机いらない派教師」は，音楽表現には開放的な空間が必要だと，活動ス

ペースの確保を重視している。

　実際，筆者が見たところ，小学校では「机いらない派教師」の方が多いように思う。

　ある「机いらない派教師」に聞いたところ，「なるべく書く活動は少なくしています。書く時は，椅子を台にして書かせています」と言っていた。

　子ども全員が「机がなくても，椅子があれば書けるよ」ということであれば，机はなくても大丈夫だろう。椅子では書きにくいという子どもがいたらどうするか。

　「椅子で書くのは嫌だけど，クリップボードがあれば書けるよ」という子どもなら，その子どもだけ，クリップボードを用意してあげればよい。

　「椅子よりもクリップボードよりも，机があった方が書きやすい」という子どもなら，その子どもだけ，机を用意してあげればよい。

　つまり，全員一律に机を用意するという発想から，「必要な子どもには机を用意する」という発想に転換することも一つの考え方となってくる。

　したがって「必要な時に必要なものをもってくる」ことが可能かどうか，それが子どもの学びに応じた学習環境づくりのポイントである。

　机であれば，いくつか机を置いておいて，「必要な人は使うことができます」というルールにしておけばよい。「必要な人は使うことができます」が認められた学習環境は，他の子どもにとっても有効な支援となる。

　もう一点，「机いらない派教師」の主張する「開放的な空間」は，子どもによっては，落ちつかなくなる要因となる。自分の前に机があることで，落ちつきやすくなる子どももいる。

　「机があると落ちつく」という子どもがいたら，「必要な子どもには机を用意する」という発想で，子どもの学びに応じた環境づくりが可能になる。もし，音楽室を2教室確保できるのであれば，一つを机のない開放型，もう一つを机がある教室にするという解決法もあるだろう。

教材や教具をチェンジする

1 事前に準備しておけることは？

　音楽は，次の瞬間消えていってしまう。形として残らない。
　間違えたからといって，その音を取り消すことはできない。やり直すことも，後からつけ加えることもできない。
　だから音楽家は，最高のパフォーマンスをするために，事前に入念に準備をする。何度もリハーサルを繰り返す。
　授業もまったく同じだ。
　今日の授業はうまくいかなかった。だからといって，もう1回子どもを集めて，やり直すことはできない。授業も常に一発勝負だ。
　だから，子どもたちのためによい授業をしたいと思ったら事前に入念に準備をすること。それにつきるだろう。
　では，授業において，実際に子どもたちがいなくても事前に入念に準備ができることは何か。教材や教具の準備は事前にできることの代表だ。
　楽器がうまくできない子どもには，楽器そのものを使いやすくする工夫はないか。楽譜がうまく読めない子どもには，楽譜そのものを読みやすくする工夫はないか。事前に準備をしておける。
　子どもが音楽授業で，よりスムーズに学習できるようにするためにはどうしたらよいか。そのような発想で，教材や教具をチェンジしていくことが大切である。

2 教材や教具のチェンジに必要な四つの視点

❶楽器がうまくできない子どもに

　鍵盤楽器には，鍵盤に色分けした「音名シールを貼る」という支援を紹介した。これは，鍵盤楽器という教材や教具をより使いやすくするための支援である。

　リコーダーの支援では，市販されている「魚の目パッド」を孔（穴）のところに貼ると，しっかりとふさぎやすくなる。

　また，分解式のリコーダーも市販されている。これもうまく孔（穴）を押さえられない子どもに有効である。

　楽器の支援のポイントは，子どもが自分に必要な支援を選んで使用することができるかどうかだ。言い換えると，教師がこれらの使用を積極的に認めていくかどうかである。

　もう一つポイントとしては，家庭と連携することだ。特にリコーダーは個人持ちのことが多いので，まず保護者と相談すること。保護者と「このような支援が必要である」という共通認識をもつことである。

　教材や教具の支援は，すべての子どものニーズを満たすには，学校では時間や予算の面で限界がある。保護者に相談して，このような支援が有効だということを伝えた上で，家庭でその子ども用の支援グッズを用意してもらうことがあってもよい。

❷楽譜がうまく読めない子どもに

　楽譜が読めるようになるには，誰でもそれなりの時間と努力を要する。音楽授業だけで，楽譜が読めるようになるのは，現実的にはハードルが高い。

　例えば，器楽の楽譜では，複数の種類を用意して，自分の使いやすいもの

を選択できるようにするとよい。
- 「普通の楽譜」
- 「ドレミ譜」：普通の楽譜に，ドレミをあらかじめ書き込んだもの
- 「指番号譜」：鍵盤楽器の場合，指番号をあらかじめ書き込んだもの

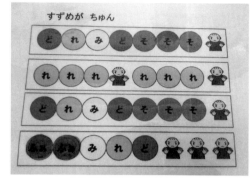

- 「太鼓の達人ふう」：楽譜のビジュアルから変えてしまったもの（写真）

他にもアイデア次第で，多様な種類の楽譜を用意することができる。❶の支援同様，ポイントは，子ども自身が自分に必要な支援を選ぶことができるようになることである。用意だけあらかじめしておいて，どの楽譜を使うか子ども自身が選ぶことができるようになっていくとよい。

❸よい音に気づきやすくするために

鉄琴や木琴は，管の真上をたたくと，響きのある音が鳴る。だから，管の真上をたたくように指導することが望ましい。

しかし，実際の演奏では，楽譜を見たり，他の楽器に合わせたり，様々なところに注意力を働かせなくてはならない。管の真上をたたくところまで，注意力を働かせるのは難しいことだ。一度に多くのところに注意を向けることが難しい子どもや，ワーキングメモリの弱い子どもにとっては「わかってはいるけれどできない」ことだ。

音楽室の鉄琴や木琴に，鍵盤ハーモニカ同様「音名シール」を使うと，まず鍵盤上のドレミの位置がわかりやすくなる。ここでひと工夫，「音名シール」を貼る位置をチェンジする。管の真上をたたくと響く，ならば，音名シールを管の真上の位置に貼るようにするのである。

そのうえで，

> change
>
> 鉄琴や木琴は，管の上をたたくんだよ。
>
> ↓
>
> シールのところをたたくんだよ。

と，声かけすれば，器楽の目標である「音色に気を付けて，打楽器を演奏する技能を身に付ける」ことに近づけるだろう。

❹ ICT機器を活用しやすくするために

　教材や教具の支援として，ICT機器の活用についても考えてみる。

　例えば，複数のイヤホンに同時に音を出せる「イヤホンスプリッター」は，グループでの学習活動の際に，他グループの音と混ざらないで，そのグループだけで同じ音を共有できるようになる。音が混ざると聴き取りにくくなる子どもには有効である。

　「モバイルミュージックシーケンサー」（ヤマハ）や「スコアメーカー」（カワイ）などは，子どものニーズに応じた音源作成が可能になる。

　しかし，ICT機器の使用に制限がある学校も多い。例えば，タブレット端末はあってもアプリのインストールが自由にできないという話もよく聞く。これは，セキュリティ管理のための制限であり，自治体ごとに実情が異なっているようだ。

　ICT環境の改善は，教師が一個人で対応するのは非常に難しい。音楽担当教師の研究組織として，「○○地区教育研究会音楽部」など自治体単位で活動している研究団体の中に，「音楽ICT研究班」としてICT機器の活用に関して中心的に取り組む班を立ち上げると，地域全体の取り組みとなり，行政当局とも折衝しやすくなるだろう。

　今後もICTに関しては，取り組みがますます充実してくると思われる。常に最新情報をチェックしておくとよい。

グループ学習をチェンジする

1 「人間関係」ではなく「学び方」基準のグルーピングへ

　グループ学習をチェンジするポイントは，「子どもたち自身で，主体的・対話的で深い学びになるように，多様な選択肢を用意すること」である。
　【音楽づくり】の学習活動を例にして，具体的に考えてみよう。
　「音楽づくり」の方法はいくつかある。例えば，先に楽譜をつくってイメージをかためてから，音楽を演奏して試してみるやり方がある。それとは逆に，先に楽器をいろいろ試して音楽をつくってから，楽譜にしていく方法もある。
　どちらが「音楽づくり」の方法として適切か？
　どちらも正しいといえる。子どもの立場に立てば，子どもによって異なってよいものである。
　「音楽づくり」という学びにおいて，先に楽譜をつくるか，先に楽器を試すか，それは「学び方」の違いということができる。
　しかしながら，現在の音楽授業では，どちらかの学び方に統一されてしまうことが多い。統一されるということは，自分に合った学び方が保障されていないということでもある。
　子どもの学び方の違いは，認められるべきである。自分とは違う学び方を強制されると，意欲も下がるし，作業も困難になりやすい。学びに向かう力を弱めてしまう根本的な原因である。
　発想をチェンジしてみよう。どちらかの学びに統一しない方法はあるだろうか。

先に楽譜をつくりたい子どもたち，先に楽器を試したい子どもたち，「音楽づくり」の学習において2通りの学び方が想定されるのならば，二つの「学び方別グループ」をつくり，それぞれの学び方を保障する学習活動にしたらどうだろうか。

　グルーピングといえば，「子どもたちの人間関係に配慮してグループを決めました」ということが多い。人間関係基準のグルーピングではなく，「音楽科のねらいを達成するためにはどのようなグループ学習のデザインが必要なのか」という発想に立ち，学び方基準のグルーピングを考えていくとよい。

　これが学び方において「多様な選択肢を用意すること」の手段の一つとなる。さらに，学び方を整えていくことは，「主体的・対話的で深い学び」を進めていく手段の一つにもなる。

2　グループ学習のチェンジに必要な二つの視点

❶多様な学び方に応じるグルーピング

　学び方の違いに応じたグループでの学習活動は，「先に楽譜をつくるグループ」と「先に楽器を試すグループ」のような方法別や作業手順別にする以外にも，多様なグルーピング案が考えられる。

　例えば，5年生の【音楽づくり】「日本の音階を使って旋律をつくりましょう」の学習活動で考えてみよう。

　この学習活動は，「日本の音階を使う」という条件で旋律づくりをしていくものである。日本の音階のきまりごとにしたがって，音をあてはめていけば，和風の旋律ができあがる。

　しかし，ただきまりごとにしたがって，音をあてはめていくだけでは，面白みにも欠けるし，子どもの達成感も低いだろう。ここでは「どのように曲想をイメージするか」別のグルーピングを採用してみると，以下のような「学び方」別のグループをつくることができる。

【ことばグループ】
　詩的な文章やリズミカルな文章から旋律をイメージするグループ
　「五・七・五の俳句があてはまるように旋律をつくりました」

【きもちグループ】
　自分の感情をもとにして旋律をイメージするグループ
　「『穏やかな心』をイメージして，音高の変化が少ない旋律をつくりました」

【せいかつグループ】
　生活の中の音楽に着想のヒントを得て，旋律をイメージするグループ
　「駅の発車ベルをイメージした旋律をつくりました」

【ビジュアルグループ】
　映像効果に着想のヒントを得て，旋律をイメージするグループ
　「ふじ山をイメージして，音符の流れがふじ山型の旋律をつくりました」

【からだグループ】
　身体表現をもとに旋律をイメージするグループ
　「優雅に踊れる旋律をつくりました」

【ともだちグループ】
　他者との感情の交流をもとにして，旋律をイメージするグループ
　「友達と会話しているような旋律をつくりました」

【自然グループ】
　自然を表現する旋律をイメージするグループ
　「風の音をイメージした旋律をつくりました」

❷トラブルを減らすために

　音楽授業でのグループでの学習活動でトラブルが発生しやすい時は，子どもたちの中に技能的なアンバランスが生じている状態であることが多い。つまり，よくできる子とできない子の差が大きくなっている時である。

　特に，できない方の子どもが不適切な行動をとっている時は要注意だ。子どもは，できないことを積極的には見せたがらない。むしろ，隠したり，ごまかしたりして，その場をやりすごそうとするものである。グループの中心になっているリーダー的存在に取り入ってその場をごまかしたり，あるいは反抗的な態度をとって自分ができないのを隠したりする。

　逆に，よくできる子どもたちは，誰かに見てもらいたいという気持ちが強い。グループ学習でも自分たちのグループがしっかりとできるところを認めてもらいたい。だから，グループの和を乱す友達に不満をもってしまう。

　グループ活動が技能的なアンバランスを抱えるのは，ある程度仕方がない。実は，このようなトラブルが起こる原因は，グループ活動のゴールが「上手に発表しなきゃいけない」ことという意識を子どもたちがもっているからだ。「上手に発表しなきゃいけない」という暗示が子どもたちに正のプレッシャーと，負のプレッシャーを与えることがある。

change

 上手に発表しましょう。

↓

 それぞれのグループで学んだことを発表しましょう。

　ゴールが「上手に発表する」ではなく，それぞれの「学び方」の成果を発表する場になると，そもそも比較の対象にはならない。

　負のプレッシャーから子どもたちを解放するには，ゴールに出来栄えのプレッシャーをかけないことである。

教師と子どものコミュニケーションをチェンジする

1　なぜ教師の言っていることが子どもに伝わらないのか？

　授業は，教師と子どものコミュニケーションの相互作用である。
　教師が一生懸命，知識や技術を伝えたとしても，子どもたちがそのことを理解できないのであれば，コミュニケーション面に問題があるのではないだろうか。
　そもそも，コミュニケーションがうまくいっている，コミュニケーションがうまくいっていないとは，どういうことなのだろうか。
　何かを相手に伝えたいと思った時，その伝えたいことが相手に正しく伝わっていれば「コミュニケーションがうまくいっている」状態である。そして，自分は伝えたつもりでも，相手にそのことが正しく伝わっていないなら「コミュニケーションがうまくいっていない」状態といえる。
　なぜ，自分は伝えたつもりでも相手にそのことが正しく伝わらないことが起きるのだろうか。
　いろいろな原因が考えられるが，ここでは自分と相手の認知処理の違いに着目してみることにする。
　認知処理とは，外から得た情報をどのように捉え，処理するかというものである。この認知処理のタイプとして，「継次処理型」と「同時処理型」という二つのタイプが知られている。
　継次処理型タイプの人は，情報を一つずつ時間的な順序によって処理するのが得意である。例えば，かけ算九九では，「にいちがに，ににんがし……」と音読したり，「2が　3こで　6になる」というように，ストーリー仕立

てにすると理解しやすいタイプである。すなわち，部分が順序よくつながることで，全体的な内容が理解できる。部分から全体を捉えることが得意なのが，継次処理型タイプの特徴である。

一方，同時処理型タイプの人は，複数の情報を相互の関連性に着目して，全体的に処理するのが得意である。例えばかけ算だと，九九の表を見ながら覚える方がやりやすいタイプは，同時処理型といえる。かけ算九九の表は，視覚的に「ぱっと見てわかる」全体的なものであり，個々のかけ算は部分的なものである。継次処理型タイプとは逆に，全体から部分を捉えることが得意なのが，同時処理型タイプの特徴である。

そして，授業において，注意しなければならないのは，教師自身が，どちらかの認知処理のタイプに偏っている場合である。

板書は，この認知処理のタイプが顕著に表れやすい。

例えば，「教科書の練習曲を自分で練習して，できたら手をあげる」ということを，板書で子どもに伝えたいとする。

図1のような板書は，継次処理型の教師の板書である。

「やること」を一つずつ順番に説明している。すなわち，情報を一つずつ時間的な順序で示している。（実は，継次処理型の教師はそもそも板書せず口頭だけで指示する傾向もある）

一方，図2のような板書は，同時処理型の教師の板書である。

板書をあたかも一枚の絵のように，相互の関連性で図示している。マインドマップのような図式化を好む教師も，同時処理

リコーダーの練習
①教科書53ページ「オーラリー」
②自分で　練習しましょう
③できた人は　手をあげましょう

図1

図2

2章 ユニバーサルデザインの視点でチェンジする授業づくり15のポイント

型であることが多い。

　おそらくどの学級にも，継次処理型の子どもと，同時処理型の子どもの両者がいるだろう。多くの子どもは，どちらかといえば継次処理型，どちらかといえば同時処理型，のように，どちらかが優位であったとしても，さほど問題にはならない。図１，図２のどちらの板書でも対応可能である。

　しかし，どちらかの一方の認知処理が強くて，一方の認知処理が弱いアンバランスな子どもはそうはいかない。

　例えば，継次処理の特性が強くて，同時処理の特性が極端に弱い子どもの場合，その子どもは，図２の同時処理型の板書では，何をしたらよいのか理解がしにくい。

　つまり，どちらかの認知処理が極端に強かったり，極端に弱かったりすると，その子どもは弱い方の認知処理に偏った情報提示をされると理解がしにくくなるのである。ここに，認知処理の違いによるコミュニケーションの溝がある。

　教師と同じ認知処理のタイプなら最高，教師と違う認知処理のタイプなら最悪，というのでは子どもが安定して学習を積み重ねられない。

　教師は，自分の認知特性を理解した上で，どちらの認知処理タイプの子どもにも合わせることができるようにならないといけない。

2　教師と子どものコミュニケーションのチェンジに必要な二つの視点

❶教師が継次処理型タイプだったら

　継次処理型タイプの音楽担当教師は，歌唱の指導をする時に，このような指導をしがちではないだろうか。
・楽曲を最初から少しずつ進めていく。
・ちょっとずつ曲を止めて，気になることを指導していく。
・「最初の部分は○○に気をつけましょう，真ん中の部分は○○しましょう，

最後の部分は○○しましょう」というように，一つの曲を時系列的に説明する。
・一部の子どもの指導にこだわる。

　このやり方が悪いというわけではない。「このやり方に合わない同時処理型タイプの子どもがいる」ということを覚えておいてほしい。
　同時処理型タイプの子どもは「なぜ，そんなにちょっとずつ進めていくのか」と，継次処理型タイプの教師の指導をまどろっこしく感じてしまいやすい。
　同時処理型タイプの子どもには，曲の全体像をまず示すことが効果的である。例えば，「1回全部通してから，最初から少しずつ進めていく」というようにするだけで，同時処理型タイプの子どもにも応じたハイブリッド型の指導（つまり授業のユニバーサルデザイン）となる。

❷教師が同時処理型タイプだったら
　同時処理型タイプの音楽担当教師は，次のような傾向がある。
・まず曲の全体像を示す。
・楽曲の難しいところから始めるなど，全体を見た上で軽重をつける。
・一度に複数の指示や注意を出す。
・全体的な練習を繰り返し，その過程で技術の底上げを図っていく。

　継次処理型タイプの子どもは「なんでいっぺんにやるんだ。一つずつやってくれないとわからないよ」という不満を同時処理型タイプの教師に抱きがちである。
　例えば，「今できなくても，練習すれば30％しかできなかったものが50％できるようになって，そのうち70％や80％になって，少しずつできるようになっていくんだよ」というのは，継次処理型タイプの子どもも納得しやすい説明である。

教師のパフォーマンスを
チェンジする

1　チェンジすれば，教師の魅力アップ！

「音楽が好き！　音楽の授業も好き！　楽しい！」
　このような言葉が子どもたちからあふれていたら，教師冥利につきる。音楽担当教師の力量は，音楽授業が好き，音楽授業が楽しい，と思える子どもを，どれだけ育てられるかだといっても過言ではない。
　教師のパフォーマンスという視点からは，先生が魅力的であること。これは授業を好きになり，授業が楽しくなる要素の一つである。
　たとえ歌や演奏に自信がなくても，「いつも先生は自分のことを見ていてくれて励ましてくれた」「先生みたいに上手に歌えるようになりたい」という子どもの気持ちが，音楽授業へのモチベーションとなることがある。
　教師のパフォーマンスをチェンジすることで，「音楽が好き！　音楽の授業も好き！　楽しい！」という子どもが増えていってほしいと願う。

2　教師のパフォーマンスのチェンジに必要な四つの視点

❶わかりやすい話し方

　先生，今日は機嫌よかったね！

　えっ，なんで？

だって今日声が張ってたもん。

　子どもは教師のささいな変化を，よく観察しているものだ。
　教師は，子どもたちの前では明るく元気でいた方がいい。だからといって，いつも100％，全力で声を張っていればいいかというと，そうともいえない。わかりやすい話し方には，テクニックがある。

【大切なポイントを話す時】
　リズムをゆっくりと。声は，太く，低めにする。

【子どもに何か考えさせる時】
　次の指示を出すまでに間をとる。間をとると，そこで子どもたちは考えることができる。マシンガントークでは考える時間を与えられない。

【子どもに発言させたい時】
　途切れないようにテンポよく指名していく。「最初から最後まで手をあげっぱなし」という子どもがいないように気をつける。

【発言した子どもに自信をつけさせたい時】
　「なるほど！」「いいね！」という合いの手を入れたり，うなずきを入れたりする。子どもに「自分の話を聞いてくれている」「認められている」という気持ちを与えることである。

【子どもの不適切な行動を注意しなければならない時】
　短く，低く，重みのある声で伝える。そのようにすると，教師としての威厳を感じさせることができる。

【感動を伝えたい時】
　「○○ですね……」と，語尾に余韻をもたせるようにする。

　「わかりやすく話すこと」と，抑揚や間，ピアノとフォルテのダイナミクス，リズムやテンポなど「音楽の言葉」には強い親和性がある。音楽担当教師は，音楽の技術を「わかりやすく話す」時に応用して，使いこなせるプロ

であってほしい。

❷わかりやすい表情と所作

　子どもたちは，教師の表情や顔色をよくうかがっている。「きっと先生が喜んでくれるだろう」と思って歌っている子どもだっている。「先生に喜んでもらえなかった」と残念な思いをする子どもだっている。

　これを逆手にとれば，教師の表情や所作一つで，子どもをやる気にさせたり，学習に対して前向きな気持ちにさせたりすることができる。

　オーケストラや合唱の指揮者の動きは，手や顔で伝えるパフォーマンスのよいお手本である。声に出さずとも「その音いいよ！」ということを，笑顔やうなずきで伝えている。子どもにとって，一番わかりやすい表情は笑顔である。子どもをほめる時，口角を上げる。これだけで笑顔をつくることができる。無表情の教師に「表情豊かに歌いましょう！」と言われても，子どもは困ってしまう。指揮者の表情のように，教師の表情も豊かにしていくことが大切である。自分自身の表情を操れるようになることは，教師としての技量であり，専門性ともいえる。

❸わかりやすい目配り

　「子どものいいところを見つけること」は，教師の大きな仕事だ。

　見つけるためには，子どもたちをよく見ること。クラスに40人の子どもがいたとしても，子どもたち一人一人と目を合わせ，「あなたのことを見ているよ！」と目配りでメッセージを送ることが，子どもたちのいいところを見つけることにつながっていく。

　子ども一人一人に目配りするコツは，「立ち位置」を意識することである。いつも教室の前方中央に立っていると，同じ角度からの目配りしかできない。教室の端に寄ってみるだけで，いつもと違う角度で子どもたちを見ることができる。机間指導で，子どもたちに近づいてみれば，より一人一人の子どもに物理的に近い目配りをすることができる。

プロフェッショナルな音楽担当教師になると，ピアノを弾きながらでも子どもたちに目配りをしている。ピアノの楽譜を見て，自分の手元の鍵盤も見て，そしてなおかつ子どもの様子（リコーダー演奏時なら子どもの指）を同時に見ている教師がいる。神業である。

❹音楽担当教師が学校で活躍しやすくするために
　学校ではピアノの「生演奏」を重視する傾向がある。
　4月に新規採用されたばかりの音楽担当新人教師が，入学式でいきなりその学校の校歌を伴奏しなければならない（しかも何百人もの前で！）という経験は，音楽担当教師の「あるある」だろう。
　伴奏なら録音した音源でもよさそうなものだが，そうはいかないのが学校である。式典に限らず，音楽授業でも，録音した音源よりピアノで伴奏するということが，音楽担当教師には求められている。
　専門的にいえば，グランドピアノから発せられる倍音成分をふくむ豊かなピアノの音色と，電子ピアノやCD等の音色は明らかに異なるという理由があるようだ。
　しかし，もちろんそのような理由も大きいが，「式典や音楽授業には生演奏」という学校の「文化」の問題も大きいのではないかと，筆者は思う。
　いずれにせよ，音楽担当教師は，ピアノをうまく弾けるようがんばって練習するしかない。ピアノを弾きながら子どもたちに目を配れるくらいの高度なテクニックを求めて，教師としての技量を高めていかなければならないのだ。
　ただ別な見方をすれば，式典などでは，音楽担当教師がピアノを弾く必然性はべつにないのである。例えば，地域の人にボランティアを募ってもよい。
　要は，音楽担当教師が学校で活躍しやすくするために何が必要かという視点である。どうしても音楽担当教師にピアノを弾かせたいというのが学校の方針であれば，音楽担当教師が受け持つ授業時間数への配慮，学校として教師のピアノスキル向上の時間をどう確保するかを考えねばならない。

指示や説明をチェンジする

1 その指示や説明,「問題あり」!?

「聞いていなかったからできないんでしょう！」
　子どもが指示通り動けないと，多くの教師は子どもが「聞いていなかった」からだと言う。
　しかし，子どもが指示通り動けないのは，そもそも教師の指示や説明がわかりにくいからという可能性もある。教師の指示や説明に問題があったら，子どもはその指示通り動けるわけがない。
　どのような指示や説明が「問題あり」なのだろうか。
　指示や説明の「問題あり」ポイントは，大きく分けて二つある。
　一つは，指示や説明の言葉が子どもにとって理解するのが難しくて，意味をなさない場合である。
　音楽の言葉，例えば「リズム」にしても「テンポ」にしても，抽象的な言葉である。特に低学年では，このような言葉は理解するのが難しいことだろう。だからといって，そのような言葉の使用を避けていると，子どもたちが言葉を学ぶ機会が損なわれる。だから，難しい指示をしたら，説明をプラスすることが必要である。
　そして，もう一つは，指示や説明を受けた子どもが意欲的になりにくい場合である。「なんでそんなことやらなければいけないの？」と子どもが思ってしまったら，ただ活動をしぶしぶこなすことになってしまう。
　子どものやる気を引き出すことのできる指示や説明にするため，話し方のテクニックを用いてチェンジしていく。

2 指示や説明のチェンジに必要な二つの視点

❶指示や説明が意味をなすために

　低学年の「かもつれっしゃ」の学習活動の場面で考えてみよう。
　「かもつれっしゃ」のピアノと歌に合わせて，教室を自由に歩く。音が止まった時に出会った友達とジャンケンをする，という子どもたちにも大人気の学習活動である。常時活動として，授業の導入時にエクササイズ的に用いられることが多い。しかし，ただ子どもたちが楽しめればよいというのではなく，音楽科としてのねらいのある活動にすることが大切である。

 リズムよく歩いてみましょう。

　「リズムよく」，その意味するところが，低学年の子どもにわかるかどうかがポイントである。実際，この指示をしたところで，子どもたちの様子は何も変わらないことが多い。子どもたちの様子が変わらないのなら，意味をなさない無駄な指示である。
　無駄な指示を積み重ねることで弊害が生まれる。子どもたちが指示や説明を聞かなくなっていくという悪循環になることだ。つまり，教師の指示に「聞く耳をもたない」状態になっていくということである。

change

 リズムよく歩いてみましょう。
　　　　↓
 拍に合わせて歩いてみましょう。曲に合わせて1・2・3・4と数えられるでしょう。歩く時に，曲の1・2・3・4に合わせて歩くのですよ。

このように「拍に合わせて歩いてみましょう」と指示し，直後に「拍に合わせて歩く」とはどのようなことなのかを説明する。指示と説明をセットにすれば，低学年の子どもでも実際にリズムに合わせて，歩くことができるようになる。その上，〔共通事項〕でもある「拍」を体感して学ぶことができる。音楽科としての意義がある活動になる。
　子どもが教師の指示と説明を聞くことで，新しいことができるようになったという体験を積み重ねていくと，子どもは教師の指示や説明に「耳を傾ける」習慣がつく。他の場面でも，教師の指示にしたがって動く子どもたちになる。まさに好循環である。
　中・高学年では，より子どもたちの思考を促すことのできるような指示がが大事である。

　きれいな声を響かせてね。

この指示では，どうやったらきれいな声になるのかがわからない。

change

　きれいな声を響かせてね。

↓

　きれいな声を響かせてね。ところで，きれいな声ってどんな声？

指示と，その指示の意味理解の確認をセットにした。
　子どもから意見が出たり，実際に「きれいな声」を実演させたりした後で，

　なるほど，きれいな声は，○○○○だね。

と子どもから出た意見を繰り返す，教師が子どもの意見をまとめた表現などで，「きれいな声」について言葉で伝えるとよい。

❷子どもがやる気になるために

「歌いましょう」「工夫しましょう」「発表しましょう」

音楽授業で教師が発する言葉でもっとも多いのは「○○しましょう」、つまり「Let's」による指示である。

「Let's」による指示は、子どもに何か活動をさせるために日常的に使っている指示である。しかし、「Let's」以外の表現で指示をすると、より効果的な場合もある。

「Ｉ（アイ）メッセージ」を使った指示を紹介しよう。

change

 もう1回，歌いましょう！

 先生は，もう1回，みんなの歌声が聞きたいんだけど，歌ってもらっていい？

Ｉ（アイ）メッセージとは、Ｉ（アイ）すなわち「私」を主語にする話法である。

「Let's」は、「あなたたち」が主語、「あなたたちは○○をしましょう」というニュアンスになる。これに対して、Ｉ（アイ）メッセージは「私はあなたたちにこうしてほしいんだけど、どう？」という「私からのお願い」的なスタンスになる。

「あなたたちは○○をしましょう」は、人に押しつけられ感を与える。「ぼくたち、なんでそんなことやらなければいけないの？」という気持ちを招きやすい。それに比べて、Ｉ（アイ）メッセージの「私はあなたたちにこうしてほしいんだけど、どう？」なら、「わかった！　やろうよ！」と、子どもがやる気になりやすくなる効果を生む。

どうしても、教師は指示や説明をすることが多くなりやすい。それは仕方ないことなので、指示や説明を受け取る子どもたちの気持ちや、理解度にどれほど意識を向けられるかが、チェンジのポイントである。

発表の仕方をチェンジする

1　発表が怖くて眠れない……

　発表前のあの緊張感，高揚感。そして，発表後の達成感，解放感。
　音楽授業では，音楽会から，ちょっとした発表まで，大小様々な「発表の場」がある。音楽は誰かに向けて発表することで，音楽的なコミュニケーションが広がっていく。
　発表は緊張するもの。緊張するけれど楽しみだ，という子どもは多いだろう。また，子どもたちにとってわかりやすい目標になる。「発表目指してがんばろう！」と，つらい練習をも乗り越えることのできるモチベーションとなる。そして，見ている人から拍手をもらったり，ほめてもらったりすることが，何よりの達成感につながる。この経験が忘れられなくて，継続的に音楽活動に取り組んでいる人も多いだろう。
　しかし，必ずしも発表が効果的とは限らない。発表がモチベーションになる子どももいれば，発表が苦手な子どももいる。
　みんなの前での発表が苦手な子どもは，人一倍不安になったり，緊張しやすかったりする。具体的には，
・緊張して歌ったり演奏したりできなくなる。
・髪の毛や服の裾などをいじる。
・歌声が震えて泣いているように聞こえる。
・よく見ると足が震えている。
・前の日から緊張と恐怖で眠れない。
　このような子どもは，心の中でどのようなことを思っているだろうか。実

際に子どもの頃，音楽授業でこのような思いを経験した人たちに聞いてみると，

　自分のせいで進行を止めてしまうのがイヤでした。気にしないで先に進んでくれたらいいのに，と思っていました。

　グループで発表する時は，自分のせいで友達に迷惑をかけてしまうのがすごくイヤでした。

「自分のせい」と，自分を責めてしまうタイプの子どもが多い。みんなに迷惑をかけているという罪悪感を抱きやすいことがわかる。

特に，自己肯定感や自尊感情が低下しやすい，中学年以降の時期は要注意だ。音楽授業の発表が原因で，他の学習や日常生活にも影響を及ぼしかねない。

みんなの前での発表が苦手な子どもに，配慮なしに発表を強要したり，発表できないことをしかったりすることは論外である。

2　発表の仕方のチェンジに必要な三つの視点

❶リハーサルでは安心感をもたせる

「どうせ，あの子どもは発表できないのだから，発表させなくてもいい」

これは，最悪の対応である。きっと，教師も悪意があって言っているわけではない（と信じる）。みんなの前での発表が苦手だから，発表をしなくてもいいように配慮している，つもりであろう。

しかし，これは結果的に見ると，この子どもの存在を無視することにつながってしまう対応なのである。存在を無視されると，ますます，自己肯定感が下がってしまうことにもなりかねない。

みんなの前での発表が苦手な子どもの実態は，多様である。だから，一人

一人の実態に合わせた対応を考えていかなければならない。デリケートな対応が必要なのである。
　例えば，見通しのイメージが弱い子どもの場合，発表の場面が，どのような場面で，どのような段取りで，どのようなタイミングで行うのか，ということが具体的にイメージできずに，不安になってしまうことがある。

　明日，発表があるから，本番と同じようにリハーサルしてみようか。

　このような子どもは，具体的な経験をすることで安心できる。だから，リハーサルをすることが有効だ。なるべく，本番と同じ場所，本番と同じ段取り，本番と同じタイミングで行うようにするとよい。
　リハーサルのポイントは，失敗させないことである。リハーサルで失敗してしまうと，余計に不安が強まってしまうことも考えられる。本番を安心して迎えられるような配慮が必要である。

❷背中を押してあげることが必要な場合も

　発表はどうしてもやらねばならないものだからね。でも，大丈夫。先生は，あなたができると思っているよ。

　みんなの前での発表が苦手な子どもの中には，「なんとなく不安」というレベルの子どもがいる。教師にひと声かけてもらう，背中を押してもらうことで，勇気が出る子どももいる。
　「発表をがんばろう！」と，学級集団全体に向けて鼓舞することはよく行われる。しかし，「なんとなく不安」というレベルの子どもの中には，学級集団全体への鼓舞だけでは不安を増大させてしまう子どももいる。したがって，そのような子どもには特別にひと声かけてあげることも大切である。

こういう時にこそ、Ｉ（アイ）メッセージは威力を発揮する。「先生は、あなたができると思っているよ」は、「私はあなたのことをちゃんと見ているよ」という安心感を与えることができる。

　実際のところ「どうしてもやらねばならぬもの」は世の中にたくさんある。「だからやりなさい」ではなく、「先生はちゃんとあなたを見ているよ」というメッセージを伝えることで、不安な気持ちの子どもに勇気を与えることができるのである。

　発表後は、「よくがんばったね」と、これもその子どもだけに特別にひと声かけてあげるようにするとよい。次につなげることが大切である。

❸発表の形式にこだわらない

　見た目は同じバイオリン。一方は18億円の高級なもの、もう一方は20万円のポピュラーなもの。これを聴き比べて、どちらが高級なバイオリンなのかをあてるというバラエティ番組がある。参加する芸能人は、目隠しをさせられて、演奏している音のみを聴いてあてる。演奏している様子は見ることができない。

　これをヒントにすると、あえて演奏しているところや、歌っているところを見えないようにして発表するという方法もある。

　つまり、「みんなの前での発表」だけにこだわらないことも、発表の仕方の一つとなる。

　個人の歌唱や演奏を発表する時は、録音や録画での発表ということも可能である。後で再び見たり、一時停止やコマ送りなどもできたりして、便利なこともあるだろう。

　考えたことを発表する時は、口頭でするだけでなく、考えたことをカードに書いて、黒板に貼っていくことも可能である。一部の子どもの発言に偏らなくなるというメリットもある。

　子どもたちががんばっている様子を保護者などに知らせたい時は、学級担任にも協力してもらい、学級通信で紹介するというのもよい方法だ。

発問をチェンジする

1 「歌いましょう」では不十分!

「歌いましょう」「演奏しましょう」「練習しましょう」「よく聴きましょう」

そもそも，これは「発問」といえるのか。

一般的に，発問とは，子どもに思考・判断・表現を促すものである。

「○○しましょう」は，活動を促すものである。もちろん，授業は，子どもの活動がもととなる。

よくいわれるのが「活動あって学びなし」。活動だけでは不十分ということだ。授業での活動には学びがなければならない。

つまり，活動と学びの両方が揃って初めて授業が成立する。活動を伴いながら，思考・判断・表現することが授業では求められているのである。

誤解してほしくないが，「○○しましょう」と子どもたちに言うことが悪いわけではない。「○○しましょう」だけでは，思考・判断・表現するためには十分ではないので，1回立ち止まって発問を練ることが必要だと言いたい。

どのように子どもに思考・判断・表現を促す発問を行っていくか。これをさらに練っていくと，どのようにしたら「より多くの子どもにとって，音楽科のねらいに沿った学習がしやすくなる」のかということになる。

いかに子どもたちを考えやすくするか，いかに子どもたちを答えやすくするか，いかに発問の精度を上げていくかという点から，発問について考えてみよう。

2 発問のチェンジに必要な三つの視点

❶子どもたちが考えやすくなるために

「この音楽の面白いところを考えましょう」

【鑑賞】の学習活動で,このような発問をすることがある。

「考えましょう」というのは便利な発問の言葉ではあるが,「この音楽の面白いところ」には,曲のどの場面か,どの楽器の音か,どうして面白いと思ったのか,という意味が隠されている。

しかし,このような隠された意味がわかりにくい子どもにとっては,どのように考えたらよいのかがわからず困ってしまう。

自分で感じた「面白いところ」よりも,「このように答えたら花丸がもらえるかな」と先生の意図を探る子どもも多い。もはや本末転倒である。

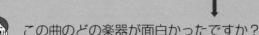

 この曲の面白いところを考えましょう。
　　　　　↓
 この曲のどの楽器が面白かったですか?

曲のどの部分について考えればよいのかを,焦点化するとよい。

ここでは,例として「楽器」に焦点化してみた。もちろん,他の要素に焦点をあててもよい。

曲で使用されている楽器の中から,子どもたちは「どの楽器が面白かったかな」と考えることになる。何を考えたらよいかがわかりやすい。

子どもが「曲の面白さ」を深く考えられるようにするためには,面白いと思った理由を言語化して表現することが必要である。理由を考えさせる発問とは,「どうして」「なぜ」による発問である。

大太鼓の音が面白かったです。

　大太鼓の音がどうして面白かったのですか？

　大太鼓の音が，大砲の音のように聞こえたからです。

　この子どもは「大太鼓の音が，大砲の音のように聞こえた」から「大太鼓の音が面白かった」のである。これがこの子どもが思考・判断・表現した姿である。

❷子どもたちが答えやすくなるために
　考えることが難しい子どもがいる場合，または発問が授業のねらいからはずれないようにするためには，選択肢のある発問が有効である。

change

　この曲の面白いところを考えましょう。

　「なめらかな旋律」のところと，「はずんでいる旋律」のところ，どちらが面白かったですか？

　この場合であれば，考えることが難しい子どもは，どちらかを選べばよいことになる。選択肢があると，子どもは答えやすくなる。
　また，「なめらかな旋律のところは○○が面白い」「はずんでいる旋律のところは○○が面白い」と，それぞれの面白いところが子どもたちから意見として出てくるだろう。
　一つのことを考える時には，別な何かと「比べる」ということが有効である。より考えやすく，答えやすくなる。

❸発問の精度を上げるために

　音楽授業では，子どもたちに求めるものが，多くなりがちである。
　教師は大事なことを事前に伝えようとするが，子どもたちからしたら，あれもこれも気をつけなければならなくなる。気をつけることが多すぎて，結局，何も身につけられないということになりがちだ。
　例えば，歌唱の学習活動では，歌詞の内容を考えて歌うこと。音程に気をつけて歌うこと。リズムに気をつけて歌うこと。きれいな声に気をつけて歌うこと。強弱に気をつけて歌うこと。ハーモニーに気をつけて歌うこと。これらを一度に気をつけるのは至難の業である。
　「声の大きさと，どこが大切な歌詞なのかを考えて歌いましょう」と発問したとする。これは，「声の大きさを考える」「どこが大切な歌詞なのかを考える」という二つのことを考えながら歌うことを要求している。
　一つの発問にいくつも考えることを盛り込むと，結果として考えることができなくなる可能性がある。なぜなら，人間は一度にそんなにたくさんのことを考えられないからだ。できないことを要求する発問は，精度が低い発問だと言わざるを得ない。だから，子どもにとって大きな課題になりそうだと思ったら，教師は小さく分解することを考えるとよい。

> **change**
>
> 　声の大きさと，どこが大切な歌詞なのかを考えて歌いましょう。
>
> 　　　　　　　　↓
>
> 　声の大きさはどれくらいがいいですか？
> 　　どこが大切な歌詞ですか？
> 　　それでは歌いましょう。

　チェンジした発問は，一指示一動作。一つの発問で考えることやすることを一つにしているので，確実にこなしていくことができる。子どもが思考や活動に十分に取り組むことのできる発問が，精度の高い発問だといえる。

2章　ユニバーサルデザインの視点でチェンジする授業づくり15のポイント　63

常時活動をチェンジする

1 継続は力なり　支援も力なり

　常時活動とは,「常時」という名前の通り,常日頃より行っている活動,つまり単発で集中的にやるよりも,継続して行うことで力がつくと期待されている学習活動であり,音楽授業ならではの活動である。主に導入部で行われていることが多い。

　例えば,リコーダーのような楽器を習得するのには,ある程度の時間を要するものだ。同じ45分間を練習時間に費やすとして,45分間ずっとリコーダーを練習するよりも,5分間の練習を9回に分けてやった方が効果的と考えられる。常時活動は,いわゆる「積み上げ」の必要な学習に有効である。

　また,授業の導入部で,身体表現を伴った学習活動もよく行われる。身体を使うことで,子どもたちの学習活動が生き生きとしたものになるだけでなく,子どもたち同士のコミュニケーション力が高まるという効果が期待できるからだろう。

　このように常時活動では,様々な学習活動が考えられる。しかし,授業であるからには,ただ毎回同じことを繰り返し行えばよいというわけにはいかない。

　まず「なぜこの常時活動をやるのか」「この常時活動を行うことで何を身につけさせたいのか」ということを明確にしていくこと。そして,その常時活動が,より多くの子どもにとって効果的になるように支援を考えていくこと。それがポイントである。

2 常時活動のチェンジに必要な五つの視点

❶個人差への対応は「寄り添い型支援」

　リコーダーなどの楽器を演奏するためには、ワーキングメモリに負荷がかかるということを、これまで述べてきた。しかし、繰り返し練習することで、一つ一つワーキングメモリに頼っていたことが省略されるようになる。これが、いわゆる「自動化」である。自動化された動作は、ワーキングメモリを使わずに行われるようになる。だからスムーズに動作ができるわけである。

　自動化のメカニズムは読譜でも同じである。最初は一つ一つドレミを文字で楽譜に書き込んでいくことが必要でも、何度も楽譜を見て演奏していくうちに、ドレミを書かなくても演奏できるようになる。これが、「楽譜が読める」という自動化された状態である。

　自動化は、言い換えれば、技術を習得できたといえる状態である。

　技術の習得には個人差がある。子どもの集団では、先に技術が習得できている子どもはますます音楽が好きになるというアドバンテージがある。

　しかし、逆に習得が遅れている子どもはハンデがある。みんなに遅れているという思いは、音楽に苦手意識を感じてしまうことにつながりやすい。

　常時活動は、継続的に行う指導だからこそ、個人差への適切な対応が必要なのである。

> 今はできなくても大丈夫だよ。ちゃんと見ていてあげるからがんばろうね。

　教師の仕事は技術を指導することだけではない。子どもの気持ちに寄り添った励ましをすることを忘れてはならない。常時活動だからこそ、常に子どもが安心して授業を受けられるように配慮していくことが大切である。

❷常時活動だからこそ支援は減らしていける
　常時活動は，音楽的なコミュニケーション，すなわちお互いにお互いの音を聴き合うようにする力を育てていける可能性を秘めている。
　身体を動かす音楽遊び，即興表現や音遊びなどには，お互いにお互いの音を聴き合う瞬間がたくさんある。
　しかし，そもそもコミュニケーションに課題のある子どもは，音楽遊びのやり方やルールが理解できなかったり，人とは違う表現をしてしまったりしてトラブルを起こすことがある。
　結果として，コミュニケーションが苦手な子どもは，ますますコミュニケーションに苦手意識をもちやすくなってしまう。
　「ルールは視覚化して示す」「段階的にルールを難しくしていく」「間違えても友達を非難しないルールにする」など，最初の段階で活動につまずかないよう工夫していくことが大切である。
　活動を継続していくことで，その活動にも少しずつ慣れていくことができる。そして慣れてきたところで，不要となった支援を少しずつ減らしていくことができる。支援がなくても，音楽的なコミュニケーションを図れるようになっていくのが理想の姿である。これこそ，常時活動のメリットである。

❸展開部に向けての準備運動
　授業の導入部で，柔軟体操や発声練習など，声を出すための準備運動をしておくと，展開部で自分の出したい声が出しやすくなる。
　おすすめなのは，滑舌のトレーニングである。特に発音が不明瞭な子どもには有効である。
　舌を左右に10回，上下に10回，口の中でぐるりと回すのを10回。これだけでも続けてトレーニングしていくと，発音しやすくなる。このトレーニングは，準備運動としてだけではなく，常時活動として継続的に行っていくとより効果的である。

❹より授業への参加意欲を高めるために

「あっ！　音楽の時間で歌った曲だ！」

音楽授業で扱った曲を，どこか別の場所で聴くようなこともあるだろう。

授業の音楽と，日常生活の音楽が結びついていくと，子どもたちの音楽の授業への参加意欲も高まっていく。常時活動で「毎回違う童謡やポップスを歌う」という活動も面白い。普段，音楽に関心のない子どもにとっても，興味の幅が広がることが期待できる。

❺学校の音楽環境をチェンジする

「常時活動は音楽科の時間だけで行うもの」という固定観念をなくしてみたらどうだろう。

【校内放送をチェンジする】

朝や下校時，給食や掃除の時間等の校内放送の音楽を，月ごとにテーマをもって変えてみたり，あるいは曜日ごとに変えてみたりする。

また，例えば，給食で「ボルシチ」が出てきた時は，チャイコフスキーなどのロシアの音楽を流してみるといったことも面白い。

【図書室に視聴覚資料を】

司書教諭とも相談して，授業で扱った曲を図書室で聴けるようにしておくとよい。あの曲もう1回聴いてみたいなあという子どものニーズに，「図書室にくれば，いつでも聴けるよ」という環境を整えておくことは，最高の常時活動である。

【朝の会，帰りの会で歌を歌う】

よく行われていることだが，これも常時活動として，音楽担当教師が積極的に関わっていくとよい。

音楽科の授業時数は，決して十分な時間数とはいえないのが現状である。

学校教育活動全体を見渡して，音楽の授業以外の場でも可能な，常時活動を見つけていきたい。

〔共通事項〕の指導をチェンジする

1 音楽の共通言語があるからこそ考えたことが伝わる！

　音楽科では「知識」に基づく表現活動が求められている。
　音楽科で育てる「知識」とは，「バレエ音楽『白鳥の湖』を作曲したのはチャイコフスキー」みたいな博学的な知識のことだけではない。音楽を形づくっている要素の働きについて理解し，表現や鑑賞に生かすことのできる「知識」である。
　音楽を形づくっている要素は，学習指導要領では〔共通事項〕として以下のように示されている。

〔共通事項〕
　ア　音楽を特徴付けている要素
　　　音色，リズム，速度，旋律，強弱，音の重なり，和音の響き，音階，調，拍，フレーズなど
　イ　音楽の仕組み
　　　反復，呼びかけとこたえ，変化，音楽の縦と横との関係など

　〔共通事項〕は，「音楽の言葉」ともいえる。音楽授業では，これらの「音楽の言葉」を知識として理解していると，より豊かな思考・判断・表現ができるようになる。
　歌唱でも器楽でも音楽づくりでも鑑賞でも，共通して「知識」として学んだ方がよいから〔共通事項〕としてまとめられているのである。音楽におけ

る共通言語であるから,自らの音楽的な思考・判断・表現を他者に伝えることができるようになる。

例えば「この曲では,この部分が一番強調したいところだ。だから,この部分は力を込めて表現したいから,クレッシェンドして,フォルティッシモになるように歌おう」と「音楽の言葉」を使えば,他者にどのように思考・判断・表現をしたのかが伝わりやすくなる。

2 〔共通事項〕の指導のチェンジに必要な三つの視点

❶発問をよりシャープにする

 この曲を聴いて,何か気づいたことはありますか?

 気づいたことって,何を答えればいいんだろう……。

「何か気づいたこと」とは,とても漠然としている発問である。この子どものように,何を答えたらよいかとまどってしまう子どもは多い。子どもによっては「教師が正解と言ってくれそうなこと」を必死で考えるだろう。本末転倒である。

change

 この曲を聴いて,何か気づいたことはありますか?
　　　　　↓
 この曲,途中で急に落ちついた感じになったね。どうしてかな?

この発問のポイントは,〔共通事項〕に示されている「速度」に子どもが気づくことができるように着眼点を示しているところである。そして,「どうして」とあわせて理由も尋ねている。

このようにすると，〔共通事項〕の要素である「音楽の言葉」に子どもが気づくことができるようになる。漠然と「気づいたこと」を問うよりも，よりシャープな発問である。

❷比較して「音楽の言葉」の意味を理解する

> **change**
>
> 軽やかな感じがはっきりと伝わるように発音に気をつけて歌いましょう。
>
>
>
> どうしたら，軽やかなリズムで歌えるでしょうか？
> ・一音一音をはっきり発音して歌う
> ・音が途切れないようになめらかに発音して歌う
> どちらでしょうか？

「軽やかな感じを意識した発音」をするには，スタッカートを意識することが考えられる。しかし，最初の発問で，スタッカートを意識できる子どもは限られているだろう。

〔共通事項〕の「リズム」に着目した上で，比較する発問にチェンジしてみる。こうすると「一音一音をはっきり発音して歌う」方がよいとわかりやすくなる。スタッカートを意識することへとつなげることができる。

❸「音楽の言葉」を日常生活と結びつける

〔共通事項〕で示されている「音楽の言葉」は，身の回りや日常生活と関連させながら指導していくと，よりわかりやすくなる。

【速度】
日本一速いものと，日本一遅いものは何でしょうか。
（ある子どもは，「日本一速いのは富士急ハイランドのジェットコースター

で，日本一遅いのは浅草花やしきのローラーコースター」と表現した）
【強弱】
　自分の心の声って，強弱記号で言うとどれくらいかな？
　（「ピアニッシモくらいかな」「丁寧に聞いてみると，フォルティッシモで聴こえるかもよ」）
【音階】
　「おはようございます」を高い音と低い音で言ってみよう。
　（「抑揚をつけて話す」ということは，声を高くしたり，低くしたりして表情をつけることである。国語の「話す」学習とも関連させられる）
【調】
　転調は，海外旅行。別の国へ移動することみたいだね。
　（調性は，説明するとなかなか難しい話になる。「海外旅行」のような例え話を用いるとイメージしやすくなる子どももいる）
【拍】
　拍は，人間の身体で言えば，心臓の鼓動みたいだね。
　（理科や保健体育の学習とも関連させられる）
【反復】
　みんなは同じ漢字を繰り返して書く勉強があまり好きじゃないよね。
　でも，音楽は同じフレーズが繰り返していると面白いんだよね。

　この他にも，身の回りや日常生活と関連させて，「音楽の言葉」を捉えていくようにすると，より「音楽の言葉」が身近なものとなる。

音楽科における道徳教育をチェンジする

1 道徳教育との関連で，音楽授業が生まれ変わる!?

「音楽と道徳って関係あるの？」
　道徳教育は，道徳科の授業を要としながら，学校の教育活動全体を通じて行うものとされているからである。だから大きく関係がある。
　小学校学習指導要領解説　音楽編では，音楽科における道徳教育の位置づけについて「音楽科の特質に応じて適切な指導をすること」と示されている。「音楽科の特質に応じた適切な道徳の指導」とは，いったいどのようなものであろうか。
　再び，小学校学習指導要領解説　音楽編を見てみると，「音楽を愛好する心情や音楽に対する感性は，美しいものや崇高なものを尊重する心につながるものであること。また，音楽科の学習指導を通して培われる豊かな情操は，道徳性の基盤を養うものであること」と示されている。
　まず「美しいものや崇高なものを尊重する心」。これは音楽授業で扱う楽曲等がヒントになりそうだ。つまり，音楽科から道徳教育へのアプローチである。
　そして「音楽科の学習指導を通して培われる豊かな情操」。これは道徳科の内容項目から，音楽授業をあらためて見直すアプローチとなるだろう。
　学習指導要領解説の一文は，音楽科と道徳科を相互に有機的に関連させていくことを示唆している。教科間を相互に関連づけること，これはカリキュラム・マネジメントの視点である。

2 音楽科における道徳教育のチェンジに必要な二つの視点

❶音楽科から道徳教育へのアプローチ

　「美しいものや崇高なものを尊重する心」は，道徳科の内容項目「感動，畏敬の念」の中に示されている。美しいものや崇高なもの，人間の力を超えたものとの関わりにおいて，それらに感動する心や畏敬の念をもつことに関する内容項目である。

　美しいもの，清らかなもの，気高いものに接した時の素直な感動を大切にすること。そのような道徳的価値を子どもたちが身につけることをねらっている。

　この内容項目は，道徳科の授業では指導が難しいものといわれている。美しいものの事例をあげて，「これは美しいものですよ。どうですか，感動したでしょう」と教えるのは，あまりにもセンスがなさすぎる。子どもにしてみれば，一方的に押しつけられたような違和感しか残らない。

　それでは，音楽科から道徳教育へのアプローチを模索してみる。

　音楽科で「美しいものや崇高なものを尊重する心」に関連するもの。共通歌唱教材には，自然や四季の美しさに関するものがふくまれている。例えば，「ふじ山」は，ふじ山の美しさや雄大さを表現している曲である。

　ふじ山の美しさや雄大さにふれながら授業を進めていくと，「美しいもの，崇高なもの」に対する感動や畏敬の念といった道徳的な心情を養うことにつながっていく可能性がある。

 ふじ山の写真を見てみましょう。

　「ふじ山」の授業で，よく行われている指導の手立てである。ふじ山の写真を授業で見せて，ふじ山の美しさや雄大さを味わってから，「ふじ山」の歌を歌う。歌詞のイメージが具体化されるので，子どもにとってもわかりや

すい手立てである。

　しかし，ふじ山の写真を見て歌うだけでは，道徳的な心情を養うところまではたどりつけない。

　道徳的な心情を養うことができるように発問をチェンジしてみる。「ふじ山の美しさ」に視点を置くのではなく，「ふじ山の美しさを音楽で表現しようとした作曲者の行為」に視点を置いてみる。

すごいよね。「ふじ山」の作曲者は，ふじ山の美しさを曲で表現したんだよね。先生にはできないなあ。みんなはできそうかな。

　作曲者がふじ山を音楽で表現したという行為，それが人間の崇高さであるともいえる。そもそも「崇高さ」とはどういうことか。なぜ私たちは子どもに「崇高さ」の道徳的価値を教えていくのか。美しいものに接した時に私たち人間はどうするべきか，ということに思いを至らせることができるようになることも「崇高さ」を学ぶ目的である。音楽授業を通して，「崇高さ」という道徳的価値を学ぶことで，道徳的な心情を養っていく。物事を多角的・多面的に捉えていくプロセスとなる。

❷道徳科から音楽教育へのアプローチ

　「音楽科の学習指導を通して培われる豊かな情操」と道徳教育を関連させるために，音楽授業での発表の場面の教師の働きかけをチェンジする。

　道徳科の内容項目を参考にした働きかけをすることで，様々な視点から，発表の場面の道徳教育の充実を図ることができる。

【道徳科の内容項目「個性の伸長」と関連させる】

発表で，自分のよかったところはどこですか？

　「個性の伸長」は，個性の伸長を図るために積極的に自分の長所を伸ばし，

短所をあらためることに関する内容項目である。練習などのプロセスにおいても，自分の「よかったところ」を振り返り，それを認めていくという働きかけをすることで，自分自身のよいところに意識を向けることができる。
【道徳科の内容項目「相互理解，寛容」と関連させる】

友達の発表を聴いて，自分と違うけれどよかったなあと思ったところを見つけましょう。

「相互理解，寛容」は，広がりと深まりのある人間関係を築くために，自分の考えを相手に伝えて相互理解を図るとともに，謙虚で広い心をもつことに関する内容項目である。つまり，「相手の自分と異なるところを認め，尊重すること」がポイントである。

ただ「友達のよかったところ」を見つけるのではなく，「自分と違うけれどよかったなあと思ったところ」を見つけるという働きかけにチェンジした。

この時に留意したいのが，最初に発問した内容と，最後の教師の評価ポイントがずれないようにすることである。

ぼくは，○○さんの歌い方が，自分とは違っていていいなと思いました。

なるほど，**自分と違うところを見つけましたね。**

「自分と違っていていいなと思うところ」を見つけるように発問しているのであるから，子どもへのコメントも「自分と違うところを見つけたこと」をほめるようにする。最初の発問と子どもへのコメント（評価）の視点が一致していること。細かなところだが，教師の指導がずれないことは子どもたちの安心感につながる。

ワークシートをチェンジする

1 賛否両論！　だからワークシートをチェンジしよう！

　音楽授業でワークシートを使うことには賛否両論ある。
　まず，メリットの方を考えてみよう。音楽授業でワークシートを使う利点は3点ある。
　1点目は，授業で考えたことをまとめることができる点である。思い浮かんだことを言語化するためのツールとしてワークシートは機能する。なんとなく感じているイメージなどは，言葉で表現することでようやく人に伝えることができる。
　2点目は，学習の記録になる点である。授業中に考えたことを形として残すことができるツールとしてワークシートは機能する。
　3点目は，評価がしやすくなる点である。本来なら，子どもの考えたことを授業中に見取ることが望ましいが，それは至難の業である。ワークシートは授業後に読み返すことができる。評価ツールとしての機能である。
　次に，デメリットを考えてみる。最大のデメリットは「時間がかかる」ことである。音楽授業だから，歌う活動や演奏する活動など音楽そのものと関わる時間を少しでも多く確保したい。だから，書くことに時間がとられるのは，貴重な時間が「もったいない」。
　また，「書くのが苦手な子ども」には，授業のバリアとなりがちである。
　したがって，ワークシートは「時間がなるべくかからない」「書きやすくなる」ことがポイントである。

2　ワークシートのチェンジに必要な五つの視点

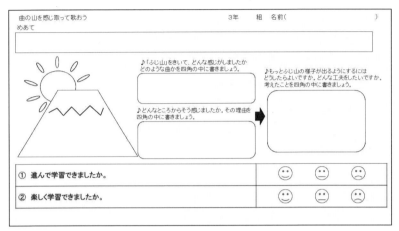

図3

❶「どこに」「何を」「どのくらい」書いたらよいか

　図3は，枠だけのフリースペースに書き込むようになっている。フリースペースは一見，自由に書けるからよいような気もするが，別な見方をすると，どのくらいの分量を書けばよいのか，どのくらいの大きさの字で書けばよいのかがわかりにくい。文章を書くことに苦手意識のある子どもは，それだけで書くことへの抵抗につながってしまう。だから，書くことが苦手な子どもにとっては書きにくいのである。

　また，指示文にも注目したい。指示文が漠然としていると，何を書いたらよいかがわかりにくい。「どんな感じがしましたか」「どんなところからそう感じましたか」は，言語化が苦手な子どもにはハードルが高い。

❷「見やすく」する

　図3は，指示文が漠然としているだけでなく，文章そのものが長い。読む

ことが苦手な子どもは，この指示文を見ただけで，やる気を失ってしまうだろう。考える前にすでにバリアとなっているのである。

❸「集中」しやすくする

ワークシートに「イラスト」を使うことはよくあることだ。

イラストは，子どもの意欲喚起のため，無機質なワークシートにうるおいを与えるためにはとても有効である。

しかし，注意したいのは，イラストと全体の「バランス」である。

図3は，全体におけるイラストが占める割合が大きい。子どもによっては，イラストに目を奪われてしまう。

❹それ必要!?

この学習活動は「曲の山を感じ取って歌おう」である。ワークシートにもそう書いてある。だとしたら，図3の「めあて」の欄は必要だろうか。

さらに「進んで学習できましたか」「楽しく学習できましたか」という振り返りの質問。これも必要だろうか。他の教科でもこのような振り返りの質問をワークシートにのせることがあるが，このような自己評価は，あまりにも安易な方法である。おそらく，子どもの大半は深く考えずに，適当に色を塗る。それが自己評価といえるだろうか。自己評価について関心をもたない子どもを育ててしまうという悪影響すらあると考える。

図3を❶から❹の視点で改善したものが，図4である。ポイントは以下の通り。
・書く位置をわかりやすくするために，枠の中にラインを引いた。
・指示文を，本時のねらいに即して，子どもがわかりやすい文章にした。
・イラストの大きさと位置を調整した。
・「めあて」は削除して，本当に必要なものだけを書くようにした。
・振り返りは，本時のねらいとの整合性をもたせた。

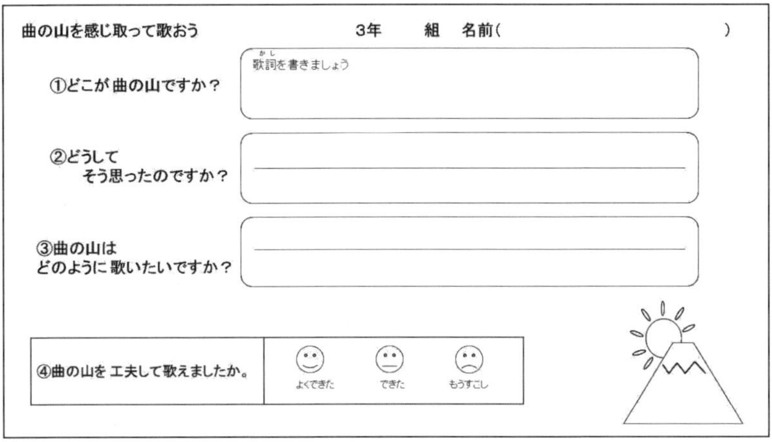
曲の山を感じ取って歌おう　3年　組　名前(　　　　)

①どこが曲の山ですか？　歌詞を書きましょう

②どうして そう思ったのですか？

③曲の山は どのように歌いたいですか？

④曲の山を工夫して歌えましたか。　よくできた　できた　もうすこし

図4

❺書くことが苦手な子どもへの対応

ワークシートをなるべく時間がかからないように書きやすく改善したが，それでも書くことが苦手な子どもには，授業のバリアとなりやすい。

ワークシートを使用しない方法として，例えば，グループに一つボイスレコーダーを用意し，感じたことを声で吹き込む方法はどうだろうか。

あるいは，書くことが苦手な子どもだけ，ワークシートを使わずに，教師が口頭で質問して答えるようにすることも考えられる。

「書くこと」はあくまでも音楽授業で考えたことを言語化するための手段の一つである。子どもが口頭で言語化したことを，教師が書きとめてもよい。

また，視点を変えて，早く書けてしまう子どもへの対応を考えてみるのもよいだろう。

早く書ける子どもには，他の子どもが終わるのを待っている時間が発生する。これがロスタイムになり，貴重な時間がもったいない。早く書けてしまった子どもたちのために，発展学習用のワークシートを用意しておくこともできるだろう。

板書や掲示物をチェンジする

1　子どもがときめく板書や掲示物の魔法

　「掲示物が気になる子どもがいるから，教室の前面は掲示物を貼らない方がよい」
　このようなことが語られることがある。
　たしかに，板書や掲示物がごちゃごちゃ貼られていると，そちらに目を奪われてしまい，学習に集中できなくなる子どももいる。そのような子どもがいたら，板書や掲示物などはない方がよいかもしれない。
　しかし，板書や掲示物による手がかりを必要とする子どももいる。板書や掲示物で何をしたらよいかを理解するのが得意な子どもたちである。そのような子どもには，板書や掲示物といった視覚的な支援の充実が必要である。
　板書や掲示物が不要な子どもも，必要な子どももいる。それが，教室には多様な子どもたちがいるという現実である。
　したがって，音楽授業において板書や掲示物をチェンジしていくということは，子どもにとって本当に必要なものを精選していくということになる。
　掲示物はない方がよいからと断捨離してしまうということではなく，逆になんでもかんでも板書や掲示物で視覚的に表せばよいということでもない。
　多様な子どもたちへのバランスに配慮しつつ，音楽科のねらいをわかりやすく教えていくための支援であるという視点に立たなければならない。
　また，掲示物がまったくない教室というのは非常に無機質だ。子どもたちが楽しく学べる雰囲気づくりにも板書や掲示物は一役買うことができる。

2 板書や掲示物のチェンジに必要な四つの視点

❶歌いやすくするために

歌う時には,歌詞がわかっていることが必要だ。歌詞を拡大して掲示する,あるいは歌詞を板書することも多い。

 今,どこを歌っているのかわからない……。

板書や掲示物で表している歌詞は,曲の速さに合わせて,文字を目で追わなければならない。もちろん指でたどることもできない。自分のペースで追うこともできない。

読むことが苦手な子どもにとって,指でたどれない,自分のペースで読めないというのは,大きな負荷がかかることである。

 「3段目から歌いましょう」と,急に言われてもわからない。

空間認知能力の弱い子どもは,急に「3段目」と言われても,対応できないことが多い。上から1,2……と数えていく間に,もうみんなが歌い始めてしまい,出だしでつまずいてしまう。

例えば,図5のように,行ごとに番号をふっておくとわかりやすくなる。「③から歌いますよ」「今④だよ」と声かけをすれば,今どこを歌っているかがわかりやすくなる。

```
① あきの　ゆうひに　てるやま　もみじ
② こいも　うすいも　かずある　なかに
③ まつを　いろどる　かえで　や　つたは
④ やまの　ふもとの　すそもよう

⑤ たにの　ながれに　ちりうく　もみじ
⑥ なみに　ゆられて　はなれて　よって
⑦ あか　や　きいろの　いろ　さまざまに
⑧ みずの　うえにも　おる　にしき
```

図5

他にも,「元気に歌う部分の歌詞は赤色にする」「手拍子をつけてよい部分の歌詞にはアンダーラインを引く」など,色分け,アンダーラインは簡単にできて,しかもわかりやすい。
　また,電子黒板やプロジェクター,テレビモニター等のICT機器を使って歌詞を表示する方法もある。

❷音楽科のねらいをわかりやすくするために

　音楽科の四つの学習活動「歌唱」「器楽」「音楽づくり」「鑑賞」に共通して学ぶべき音楽の要素は,〔共通事項〕として示されている。
　言い換えると,〔共通事項〕に基づいて,学習活動を進めていくことが音楽科では重要である。
　〔共通事項〕は,繰り返し伝えていくことが必要である。繰り返し伝えるためには,子どもたちがいつでも目にすることができるようにしておくとよい。〔共通事項〕を意識させるためには,掲示物が非常に強力なツールとなる。
　図6は「オトコトバ（音ことば）」として,〔共通事項〕で示されている「せんりつ」「リズム」などの要素をカードにして,ホワイトボードに貼っているイメージ図である。
　このようにしておくと,例えば,ワークシートを書く時などに,「オトコトバを見てごらん」と指示することで,子どもたちが〔共通事項〕を意識しやすくなる。

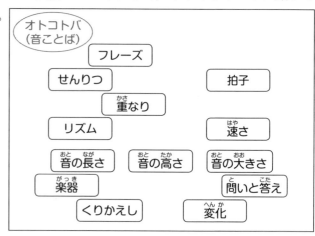

図6

❸「どんな感じ?」をわかりやすくするために

「この曲はどんな感じでしょう」と言われてもどう答えたらよいかわからない。

曲の感じを言葉で表現することは，音楽科での言語活動として重要であるが，苦手な子どもも多い。

どのような言葉を使って表現したらよいか，この曲についてはこのような言葉を使うと，人に伝えることができるという学習を積み重ねていくことがポイントになる。

図7は，曲の感じを一覧にした掲示物である。

この表を見れば，曲の感じを言葉で表現することができる，ということを子どもたちが理解できるようにしていくとよい。

曲の感じ	
あかるい	くらい
はずんだ	なめらか
うれしい	かなしい
どうどうとした	よわよわしい
やさしい	はげしい
たのしい	さびしい
げんきな	おとなしい
おどけた	まじめな
あたたかい	つめたい

図7

❹量的に見てわかりやすくするために

図8は，音符の長さを量的に表したカードである。

4分音符，4分休符を1マス分とした時に，2分音符は2マス分としている。「2分音符は，4分音符の2つ分」ということが，量的に「見てわかりやすく」なっている。

このような量的な手がかりから，音符の意味を理解できるようになる子どももいる。

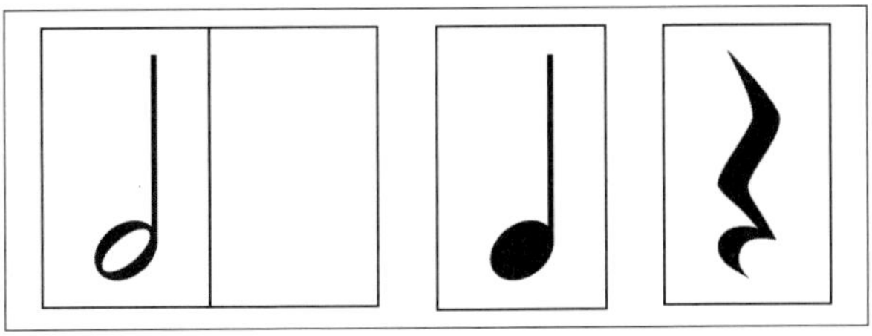

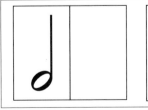

図8

音楽会をチェンジする

1　ウチの学校の音楽会ってかっこいい！

　保護者の「音楽会,楽しみにしているよ」というひと言。
　遠方から,音楽会に合わせてきてくれる大好きな祖父母。
　お客さんが会場を埋めつくし,自分たちの発表に送ってくれる拍手。
　これらは,子どもたちにとって音楽会へのモチベーションになる。
　音楽会は,子どもだけでなく,大人も楽しみにしている学校行事の一つだ。音楽会で見にきてくれるみんなを楽しませたい。そう思う子どもも多いだろう。
　だからこそ,教師も積極的に見ているお客さんが音楽を楽しめるように工夫していくべきである。
　音楽会はもちろん子どものためにあるものだが,音楽会に関わるいろいろな人,発表者である子ども,観客である保護者・地域の方,主催者である学校の教師など,音楽会に集う「多様な人」それぞれの立場に思いをはせること。それが,音楽担当教師のユニバーサルデザインによる授業力向上にもつながっていく。音楽会をユニバーサルデザインの視点でチェンジしていくことは,音楽担当教師を成長させてくれるはずだ。
　音楽会を,より多くの人にとって「見栄えのする」音楽会にチェンジしてみよう。
　見栄えがするとは,言い換えれば「かっこいい」ということでもある。「この学校の音楽会ってかっこいい！」と,ますます愛校心が高まるような音楽会になってほしい。

2 音楽会のチェンジに必要な三つの視点

❶視覚的にわかりやすくチェンジする

　オーケストラのコンサート，ロックバンドのライブ，お祭りのお囃子。音楽そのものだけでなく，実際の演奏を「見る」という視覚的要素により，私たちは臨場感を味わうことができる。「見栄えのする」音楽会にするためには，視覚的要素を加えることがポイントである。

【子どもの動き】

　手拍子，手話，手を振る，振りつけ，ステップ，ボディパーカッション，ダンスなど。歌いながら，演奏しながら，子どもに動きをつけていくとよい。

【ソロの舞台】

　ソロという目立つものをさらに視覚的に盛り上げるために，ステージの前に半円状のスペースをつくり，ソロの子どもはそこで歌うという舞台設計はどうだろうか。このスペースは他にも，グループで身体表現をするなどにも使うことができる。

【教師の指揮】

　教師が指揮をする際に，気をつけたいのは「立ち位置」である。指揮をする教師のせいで，視覚的には子どもがその陰に隠れてしまいがちだ。リハーサル時に客席から，子どもの顔がちゃんと見えるかどうかを確認しよう。

【幕間】

　演奏前にプロジェクターを使って，当該学年の入学式の時の写真を映しておくと面白い演出になる。特に卒業学年ではおすすめである。客席の保護者が，わが子の成長を感じることができる機会になるだろう。

❷聴覚的にわかりやすくチェンジする

　演出は視覚的なものだけではない。聴覚的な演出も考えられる。聴いている人に，「おっ！」と，ちょっとした変化を感じさせる演出は，まさに音楽

会ならではのおしゃれなものである

【編曲】
　歌のどこかをアカペラにしてみる。例えば，曲の冒頭をアカペラにする。2番だけアカペラにする。小節の頭だけ和音を弾いて後の拍は無伴奏というところを4小節つくるなど。曲によって，いろいろ試してみると意外な音楽的な効果が生まれるかもしれない。

【ソロ回し】
　一人だけのソロもあるが，何人かで「ソロ回し」をするということもできる。より多くの子どもがソロを体験する機会となる。少人数の学年ではおすすめである。

【音量】
　音楽会は地声で歌わなければならないのだろうか。もしかしたら音楽会はかくあるべしという思い込みかもしれない。マイクを使うと声の小さい子どもでも堂々と歌うことができる。例えば，ステージにスタンドマイクを立てておいてソロはマイクの前で行う演出も面白い。また，楽器の音量もアンプにつなぐことで音量調節もしやすくなる。例えば，キーボードのベース音だけアンプにつなぎ，大きな音にすると，迫力ある低音を楽しむことができる。

❸練習計画をユニバーサルデザインする
　練習計画は子どもに向けたものと，大人に向けたものの両方が必要である。
　子どもへの練習計画は，例えば予定表をつくっても，子どもはなかなか全体像をイメージしにくいものである。だから，その都度，計画を意識させていくことが必要である。

音楽の授業の時間はあと3回，その中で仕上げるんだよ。
まず今日は4小節を仕上げようね。
次の時間には練習番号BとCをみんなで合わせるからね。

ポイントは，回数や練習する箇所を，具体的な数字などを使って示すことである。「音楽会」に向けた練習を計画的に進めるという体験は，子どもが中学生や高校生になった時，合唱コンクールや文化祭など自主的な活動をしなければならない場面で，経験として生きてくるだろう。
　一方，教職員間への練習計画の伝え方のポイントは「思いの共有」である。「いつ」「何を」「どの程度」という計画はもちろんだが，音楽会で「何を大事にしたいのか」「どんなトラブルが想定されるのか」というところまでを教職員間で共有しておけるようにするとよい。

【選曲】
　音楽会で「何を大事にしたいのか」を具体化する作業が「選曲」である。選曲を音楽担当教師と学年の教師が一緒に行い，「何を大事にしたいのか」を共有しておくことが必要である。「一昨年やったあの曲よかったよね」のように，つい「楽曲ありき」で選曲してしまいがちだが，あくまでも音楽科のねらいをもとにして考えていくべきである。
　それぞれの教師の思いがバラバラだと，子どもたちが「何をがんばったらよいか」がわからず混乱してしまうことにつながる。

【オーディション】
　子どもにとっての最大の関心事である。同時にトラブルの種にもなりやすい。想定されるトラブルを事前にどれだけ回避できるかがポイントである。事前に「こういうことがあったら嫌だよね」というトラブルシューティングを子どもたちや担任と一緒に行うとよい。

【楽器運び】
　音楽会の準備の中でも，もっとも危険かつ配慮を要する作業である。例えば，音楽室は3階，体育館は1階という学校の場合は，階段を使って楽器を運ぶ作業となる。高学年の子どもたちで作業することが多いと思うが，この時はできる限りの大人の手があった方がよい。管理職とも相談し，教職員のみならず，保護者や地域の方の手を借りることがあってもよい。
　楽器も大切だが，子どもたちの安全はもっと大切である。

評価の声かけをチェンジする

1　絶対にやってはいけない「評価の声かけ」もある

　ここでは，授業中の評価，特に，教師が子どもにかける「評価の声かけ」について考えることにする。
　子どもを評価するポイントは適正であること。子ども側から見て，納得できる評価になっていなければならない。
　音楽授業では，音楽科のねらいを達成させることが第一の目的である。子どもたちはこれまで見てきたように多様である。全員一律的な評価の基準によって評価の声かけをするのがふさわしくないこともある。
　例えば，障害があるためにうまく発声できない子どもに，「もっとはっきりと大きな声で歌えたらいいのにね」と評価の声かけをする。これが適正な評価，子どもが納得できる評価のわけがない。（むしろ教師の適性すら疑ってしまう）
　逆に音楽が得意な子ども，楽器を上手に演奏できる子どもががんばった時に，「あなたはもともとできるからね，それくらいできて当たり前でしょ」と評価の声かけをする。これも適正な評価，子どもが納得できる評価とはいえない。（こちらは悪気なくやってしまっている教師がいそう）
　教師が子どもにかける「評価の声かけ」の目的は，子どもたちがやる気になれるようにすることである。もし，マイナス点を指摘するのであれば，子ども自身に変容を促せるかどうかがポイントである。

2 評価の声かけのチェンジに必要な二つの視点

❶発問と評価を整合させる

　授業で設定したねらいが達成できたかどうか，これがまず評価の基本である。

　この曲の面白いところを見つけましょう。

と，音楽を聴く前に発問した。そして，次のように評価の声かけをした。

　今日はみんな静かに聴けていましたね。

　このような教師の声かけからは，授業のねらいと，評価のポイントがずれてしまっていることが確認できる。
　「面白いところを見つける」ことを授業のねらいとして発問したのだから，評価のポイントは「面白いところを見つけられたかどうか」であるはずだ。それが，「静かに聴けていた」ことを評価している。ねらいがいつの間にか，「静かに聴くこと」に変わっている。そこが問題点である。
　授業のねらいとして発問したことを評価すること。これが基本である。「この曲の面白いところを見つけましょう」が授業のねらいだったら，

　面白いところを見つけることができましたね。

発問と評価を整合させると，このような評価の声かけになるはずである。
　まずは，授業のねらいに基づく発問と評価の声かけが整合していくようにするとよい。
　それが，子どもたちにとって納得できる評価となる。

❷音楽授業での子どものほめ方

「ほめること」，それは評価の声かけにおいて基本中の基本である。

よくできました。

一番あたりさわりのないほめ言葉だ。経験の浅い教師でも簡単に言える。

しかし，単調なほめ言葉である。低学年ならまだいいかもしれないが，高学年になるにつれて，子どもの心に染み込んでいきにくくなる。

いろいろなテクニックを駆使し，より効果的にほめることこそ，教師の専門性である。

【Ｉ(アイ)メッセージを使う】

先生は，みんなが「速度」に注目して，感想を言えたことがすごいと思うよ。

「私」が主語となる「Ｉ(アイ)メッセージ」を使うことで，「先生はみんなのことをこう思っているんだよ」というニュアンスになっていく。「私」を主語にすることで，子どもが受け取る印象が変わっていく。

【さりげなくほめる】

(ひとり言のように) ほんとにフォルティッシモの意味がわかっていて，すごいね。

高学年になるにつれて，正面から「すごいね！」とほめられるのが恥ずかしくなってくることがある。しかし，高学年でもほめていくことは必要である。そこで，このような「さりげなくほめる」方法が有効である。

また，日常的に注意されることの多い子どもは，教師のほめ言葉に対して，すでに不信感をもってしまっていることも多い。そのような子どもには直球

でほめても伝わらないことが多い。さりげなくほめていくことで，少しずつ子どもに染み込むようにしていくとよい。

みんなの前でほめるよりも，個別にほめる方がよい場合もある。その子どものそばに行った時に，さりげなくほめるようにしよう。

【皮肉をつけ加えない】

 すばらしいですね。いつもできるといいんだけどね。

皮肉をつけ加えてよいのは，子どもとの十分な信頼関係ができている場合だけである。基本的には避けた方がよいだろう。

【子どもの発言や意見への価値づけ】

子どもの発言や意見を価値づけするのは，教師の役割である。発言の中身をほめることも大切ではあるが，どのような視点で発言したのかに着目すると，発言を価値づけすることができる。

 ○○さんのここがよかったです。

例えば，友達の行為に共感して，いいところを見つけている発言である。友達の課題ではなくて，よい点を見つけようという視点からの発言である。その視点をほめていくようにする。

 友達のいいところを見つけて発言したのがよいですね。

視点を価値づけすると，子どもの学び方につながっていく。

Column
教師の多様な音楽の楽しみ方

　学校の教師たちは，いったいどのように音楽を楽しんでいるのだろうか。

　運動会のダンスでは，その年に一番流行っている曲を選ぶようにしています。何か月か前から，ヒット曲をチェックして，自分自身も楽しんでいます。
（小学校教諭　男性）

　音楽会で琴を使って合奏をしました。実は私は初めて琴にさわりました。子どもと一緒に，自分も弾けるように練習しました。子ども以上に熱中していたかもしれません。
（小学校教諭　男性）

　道徳の授業で教材を読み聞かせる時に，BGMを流しています。
（小学校教諭　女性）

　早朝の教室で，目覚めのクラシックを聴きながら授業の準備をしています。
（小学校教諭　男性）

　通勤時間に音楽を聴いています。季節に応じて，曲を変えていますが，行事で使用した曲も聴いています。学校の先生って，季節が感じられる職業でいいなあと思います。
（小学校教諭　男性）

　卒業式の日に，思い出を振り返るスライドをつくっています。スライドのBGMは1か月前から選曲。「あー，セカオワだあ！」と子どもから声があがった時，ちょっとうれしかったです。
（中学校教諭　女性）

　合唱部の顧問ですが，自分自身も合唱団に所属し，本気で全国大会を目指しています。通勤途中に楽譜を見ながら，口パクで歌っています。
（高等学校教諭　女性）

　まず教師自身が，音楽を楽しむことがなにより大事ですね。

3章
ユニバーサルデザインの視点でつくる新しい授業プラン

歌唱の授業をチェンジ
第1・2学年

1 題材について

〈ようすをおもいうかべよう〉
「夕やけこやけ」(中村雨紅作詞　草川信作曲)〔教育芸術社　2年生〕

夕やけこやけで　日がくれて　山のおてらの　かねがなる
おててつないで　みなかえろ　からすといっしょに　かえりましょう
子どもがかえった　あとからは　まるい大きな　お月さま
小鳥がゆめを　見るころは　空にはきらきら　金のほし

2 授業ユニバーサルデザインの視点

・歌うことが好きで，模倣して歌ったり歌詞の表す情景や場面を想像して歌ったりする。
・曲想を感じ取ることと思いをもつことが一体的であることが多い。
・体の動きを伴いながら曲の雰囲気などを楽しんで歌ったり，歌詞に登場する人物や動物になりきって歌ったりする。

　第1・2学年の子どもの【歌唱】の実態としては，このような傾向が見られる。これらの傾向が見られない子どもをもふくんで「より多くの子どもにとって，第1・2学年の【歌唱】のねらいに沿った学習がしやすくなる」ようにしていく。

3 学習指導案

ねらい・学習活動	授業ユニバーサルデザインの視点
❶曲想を感じ取って表現を工夫する 1番と2番の歌詞から,違いを見つける。	歌詞の表す情景や場面を想像するのが難しい子どもでも,考えやすくするために,クローズな「比べる」発問をする。
❷どのように歌うかについて思いをもつことができる 歌い方の違いからどのように歌ったらよいかを考える。	曲想を感じ取ることと思いをもつことがつながりにくい子どもでも,一体化が図れるようにするために,教師が歌い方の違いを見せる。
❸曲想と歌詞の表す情景や気持ちとの関わりについて気づく 「おててつないで　みなかえろ」の部分に動作をつける。	歌詞に登場する人物や動物になりきって歌うのが難しい子どもでも,参加しやすくするために,場面を限定する。

※本学習活動は,常時活動等と組み合わせて,1単位時間を構成することが望ましい。

4 展開例におけるポイント

❶曲想を感じ取って表現を工夫する

> Point
>
> 歌詞の表す情景や場面を想像するのが難しい子どもでも,考えやすくするために,クローズな「比べる」発問をする。

「曲想を感じ取って表現を工夫する」とは,「夕やけこやけ」ならではの雰囲気や表情,味わいを感じ取りそれをもとに表現をつくり出すことである。

「夕やけこやけ」では，1番と2番の違いに着目してみる。

違いに着目させるためには，両者を比べた上で，同じところや違うところを見つけることになる。

 1番と2番はどこが違うでしょう。

1番と2番を比べて，違いを見つける発問にする。

1番は，夕暮れ時の情景。遊びを終えた子どもたちが帰宅している様子の情景だ。2番は，深夜の情景。夜空に光る月や星の美しさを表している。1番と2番の時間帯は違う。この曲では，この時間の変化に着目すると，曲想を感じ取りやすくなる。

しかし，「どこが違うでしょう」は，いろいろな角度の答えが出てくるオープンな発問である。場合によっては収拾がつかなくなることもある。

change

 1番と2番はどこが違うでしょう。

 1番は朝かな？　夜かな？　どうしてそう思ったのですか。

時間の変化に着目させたいという意図があるのだから，「朝かな？　夜かな？」と「時間」に関する答えしか出てこないクローズな発問にした。子どもが答えたら「どうしてそう思ったの？」とオープンな発問につなげた。

❷どのように歌うかについて思いをもつことができる

> Point
> 曲想を感じ取ることと思いをもつことがつながりにくい子どもでも，一体化が図れるようにするために，教師が歌い方の違いを見せる。

❶では歌詞をもとに考えたが,次は「歌い方」からアプローチしてみる。

 先生がラララで歌ってみます。さて,1番と2番のどちらかな？

例えば,「楽しそうに」歌ってみたり,「小さな声で」歌ってみたりする。子どもたちが「曲想」と「歌い方」の関係に気づけたらよい。

 どうしたら,1番が夕方だなあとわかるように歌えますか？

「夕方」「夜」などの場面を出して,「どうしたら」と発問する。こうすることで,子どもたちは「曲想」（夕方や夜の情景）と「歌い方」（どのように歌うか）がより具体的につながる。1番と2番を「こういうふうに歌いたい」という思いをもちやすくなる。

❸曲想と歌詞の表す情景や気持ちとの関わりについて気づく

> Point
> 歌詞に登場する人物や動物になりきって歌うのが難しい子どもでも,参加しやすくするために,場面を限定する。

 「おててつないで　みなかえろ」のところは,どんな動きがぴったりでしょう？

あえて「おててつないで　みなかえろ」のところだけに場面を限定して動作化しみんなで手をつないで歌うようにしてみる。そうすると「1番が夕方の楽しい感じがするのは『おててつないで　みなかえろ』というところが友達と楽しく手をつないでいる様子だから」ということに気づきやすくなる。

3章　ユニバーサルデザインの視点でつくる新しい授業プラン　97

歌唱の授業をチェンジ
第3・4学年

1 題材について

〈せんりつのとくちょうをかんじとろう〉
「ふじ山」（巖谷小波作詞　文部省唱歌）〔教育芸術社　3年生〕

頭を雲の　上に出し　四方の山を　見下ろして
かみなりさまを　下に聞く　ふじは　日本一の山
青空高く　そびえ立ち　体に雪の　きものきて
かすみのすそを　遠くひく　ふじは　日本一の山

2 授業ユニバーサルデザインの視点

・曲の特徴を意識して聴こうとしたり，感じ取ったことや想像したことを伝え合い，それを生かして歌おうとしたりする意欲をもつようになってくる。
・曲の雰囲気や表情をリズムや旋律などの特徴と関わらせたり，歌詞の内容と関わらせたりして捉えようとする。
・範唱を聴いて歌声を工夫しようとしたり，楽譜に興味をもって歌おうとしたりする意欲をもつようになってくる。

　第3・4学年の子どもの【歌唱】の実態としては，このような傾向が見られる。これらの傾向が見られない子どもをもふくんで「より多くの子どもにとって，第3・4学年の【歌唱】のねらいに沿った学習がしやすくなる」よ

うにしていく。

3　学習指導案

ねらい・学習活動	授業ユニバーサルデザインの視点
❶曲の特徴を捉えた表現を工夫する 歌詞に一番たくさん出てくる言葉を予想する。	曲の特徴を意識しやすくするために，歌詞の中で一番多く出てくる言葉を予想する。
❷どのように歌うかについて思いや意図をもつことができる 「ふじは　日本一の山」をどのように歌うか「音楽の言葉」で表現する。	感じ取ったことを伝え合い，それを生かして歌おうとする意欲をもちやすくするため，工夫する部分を焦点化し，選択肢を与える。
❸曲想と音楽の構造や歌詞の内容との関わりについて気づく 楽譜を指でなぞる。	曲の雰囲気や表情を，歌詞の内容と関わらせるなどして捉えやすくするために，旋律を視覚化，動作化する。

※本学習活動は，常時活動等と組み合わせて，1単位時間を構成することが望ましい。

4　展開例におけるポイント

❶曲の特徴を捉えた表現を工夫する

> Point
>
> 曲の特徴を意識しやすくするために，歌詞の中で一番多く出てくる言葉を予想する。

「曲の特徴を捉えた表現を工夫する」とは，「ふじ山」を歌う時に工夫する手がかりを，「ふじ山」の曲の特徴に求めて，そしてその特徴から表現をつ

くり出すことである。

まず,歌詞を見せないで,クイズ感覚の発問をする。

予想してみてください。「ふじ山」に出てくる歌詞の中で,一番たくさん出てくる言葉は何でしょうか?

子どもから,いろいろな答えが出てきたら,実際に歌詞を見せる。子どもたちは,答え合わせをしたいので,歌詞を注意深く見るだろう。そう,この発問をする目的は,歌詞に自然と注目できるようにすることである。

出てくる言葉は「ふじ」「日本一」「山」が一番多い(2回ずつ)。一番多く出てくるということから,この曲の特徴の一つ,「ふじは日本一の山だと言いたいこと」に気づきやすくなる。

❷どのように歌うかについて思いや意図をもつことができる

> Point
>
> 感じ取ったことを伝え合い,それを生かして歌おうとする意欲をもちやすくするため,工夫する部分を焦点化し,選択肢を与える。

「どのように歌うかについて思いや意図をもつ」とは,「ふじ山」を表現する過程において,このように歌いたいという考えをもつことである。

❶の学習活動で,「ふじは日本一の山だと言いたいこと」というこの曲の特徴に気づけたので,「ふじは　日本一の山」の部分をどのように歌うか,そこに焦点化する。

「ふじは　日本一の山」のところは,どのように工夫して歌えばよいかな。音楽の言葉から,何かひらめくかな?

「音楽の言葉」〔共通事項〕として，リズム，速度，強弱などを選択肢として用意しておくとよい。

❸曲想と音楽の構造や歌詞の内容との関わりについて気づく

> Point
> 曲の雰囲気や表情を，歌詞の内容と関わらせるなどして捉えやすくするために，旋律を視覚化，動作化する。

「曲想と音楽の構造や歌詞の内容との関わりについて気づく」とは，「ふじ山」でいえば，なめらかな感じだけれど力強い感じになっているのは，旋律がふじ山の美しい稜線を表すように，なめらかな感じになるようにつくられているから。さらに，「ふじは　日本一の山」を表すために，そこに向けて「曲の山」がくるようにつくられているから，といったことに気づくことである。

楽譜にふじ山が隠れているかな。音符を指でなぞって探してみよう。

楽譜は，音楽を視覚化したものである。「ふじ山」の楽譜を見ると，「曲の山」の部分の音符の流れは，本当にふじ山のようななだらかな山の形になっている。視覚的に「曲の山」のように見えるところが面白い。

音符の流れを指でなぞるという動作を取り入れることで，「曲の山」が視覚的にも動作的にもわかりやすくなる。

歌唱の授業をチェンジ
第5・6学年

1 題材について

〈みんなで楽しく〉
「旅立ちの日に」（小嶋登作詞　坂本浩美作曲）〔教育芸術社　6年生〕

白い光の中に　山なみは萌えて
遥かな空の果てまでも　君は飛び立つ
限り無く青い空に　心ふるわせ
自由を駆ける鳥よ　ふり返ることもせず
勇気を翼にこめて　希望の風にのり
このひろい大空に　夢をたくして
いま　別れのとき　飛び立とう　未来信じて
弾む若い力信じて　このひろい　このひろい　大空に

2 授業ユニバーサルデザインの視点

・曲の特徴を理解して聴こうとしたり，自分の思いや意図が聴き手に伝わるような表現をしたりしようとする意欲が高まってくる。
・曲の表情や雰囲気を，様々な音楽を形づくっている要素や歌詞の内容と関わらせて捉えようとする。
・範唱を聴いてリズムや旋律を歌うだけではなく，その曲のよさや演奏の優れているところを見いだす力が身についてくる。また，ハ長調の視唱にも

慣れてきている時期でもある。
・歌詞の内容や曲想にふさわしい表現への意欲が高まるとともに，表現にふさわしい呼吸や発音の仕方を工夫して，響きのある声で歌おうとする意欲も高まってくる傾向がある。

　第5・6学年の子どもの【歌唱】の実態としては，このような傾向が見られる。しかし，同時にこれらの傾向が見られない子どもとの差が開いてくる時期でもある。
　「より多くの子どもにとって，第5・6学年の【歌唱】のねらいに沿った学習がしやすくなる」ために，本時では，実際にパートごとに歌う前の段階，「曲の特徴にふさわしい表現を工夫すること。どのように歌うかについて思いや意図をもつこと」のねらいに対応する学習活動について，グループでの学習活動をメインにした学習指導案を提案する。

3　学習指導案

ねらい・学習活動	授業ユニバーサルデザインの視点
●曲の特徴にふさわしい表現を工夫する ●どのように歌うかについて思いや意図をもつ グループごとに，曲の特徴にふさわしい表現を考える。	曲の特徴にふさわしい表現を工夫しやすくするために，自分に合った学び方を選べるようにする。

※本学習活動は，実際の歌唱指導の時間とあわせて，1～3時間扱いとすることが望ましい。

4　展開例におけるポイント

- ●曲の特徴にふさわしい表現を工夫する
- ●どのように歌うかについて思いや意図をもつ

> Point
> 　曲の特徴にふさわしい表現を工夫しやすくするために，自分に合った学び方を選べるようにする。

　「曲の特徴にふさわしい表現を工夫する」とは，その工夫する根拠を曲の特徴に求めて表現をつくり出すことである。

　「どのように歌うかについて思いや意図をもつ」とは，曲の特徴にふさわしい表現を工夫する過程において，このように歌いたいという考えをもつことである。「旅立ちの日に」でいえば，「盛り上がるところは響きのある歌声で歌いたい。そのためには，最後のフレーズをだんだん強くしていこう」といったことである。

　本時は，パート別練習の前段階の「根拠を曲の特徴に求めて表現を考える」学習活動である。声域のパート別ではなく，表現をつくり出す「学び方」別に三つのグループを編成する。それぞれのグループには，楽譜，音源等を用意した上で，必要に応じてそれぞれの「学び方」に応じた教材・教具や楽器等を使えるように認めていく。

❶【歌って発見グループ】

　どのように歌ったらよいか，曲の特徴にふさわしい表現を，歌詞で歌ったり，「タタタタタタタ〜タ〜タタ〜」と口ずさんだり，階名唱をしたりする中で考えるグループである。ただ歌うだけではなく，歌うことで気づいたことやわかったことを，グループ内で対話したり，他のグループに音楽の言葉を使って伝えたりすることができるようになるとよい。

例えば,「最後のフレーズを大きく強く歌うためには,最初のメゾピアノは,小声で話すくらいの音量で歌った方がよい」というようなことは歌わないとわからない。このようなことを,いくつか発見できるようにする。

❷【動いて発見グループ】
　指揮や振りつけなど身体的な表現をもとにして考えていくグループである。
　例えば,曲に合わせて指揮をする中で,「最後のフレーズを大きく指揮するためには,最初は,あまり腕を振らずに小さく指揮する方がよい」というようなことを,いくつか発見できるようにしていく。
　留意すべきは,身体表現で,「曲の特徴にふさわしい表現を工夫」するのだから,強弱,リズムなどの「音楽の言葉」〔共通事項〕と身体表現とを対応させていけるように指導することである。

❸【分析して発見グループ】
　「音楽の言葉」〔共通事項〕をもとにして,楽譜や歌詞から,曲想と音楽の構造との関わりを分析していくグループである。
　例えば,「速度は,♩=80なので,4分音符は,0.75秒に1回の速さである」「強弱は,メゾピアノ,メゾフォルテ,フォルテが出てくる。ところどころにクレッシェンドがある」ということを発見できるようにする。

　本時のねらいを達成するための,自分の特性に合った学び方でのグループ学習活動である。人数に応じて,同じグループをいくつかの小グループに分けて取り組んでもよい。「学び方」別グループ学習のメリットは,グループに同じ学び方の子どもが集まることで,より自分に合った学び方を身につけることができるようになることである。また,他のグループが発見したことを共有することで,「そのような見方もあるんだ」と多角的な視点を身につけることができるようにもなる。
　本時の後は,パート別に分かれて歌う学習活動へと進んでいく。

器楽の授業をチェンジ
第1・2学年

1 題材について

〈いろいろな　おとを　みつけて　ならしましょう〉
「きらきらぼし」（武鹿悦子作詞　フランス民謡）〔教育芸術社　1年生〕

　トライアングルとすずの持ち方を覚えて，いろいろな鳴らし方を試し，星空の様子に合った鳴らし方を見つけていく題材である。

2 授業ユニバーサルデザインの視点

・楽器を演奏することが好きで，曲を楽しんで聴き，模倣して演奏しようとする。
・曲想を感じ取ることと思いをもつことが一体的であることが多い。例えば，「元気な感じがして楽しい」と感じ取った子どもは，演奏する際に「跳びはねるような元気な感じが伝わるように演奏したい」という思いをもつ。
・曲の雰囲気を楽しんで演奏しようとする。
・楽器自体やそれを演奏することに興味・関心をもち，様々な楽器にふれて，いろいろな音を出すことを好む。

　第1・2学年の子どもの【器楽】の実態としては，このような傾向が見られる。これらの傾向が見られない子どもをもふくんで「より多くの子どもにとって，第1・2学年の【器楽】のねらいに沿った学習がしやすくなる」よ

うにしていく。

3 学習指導案

ねらい・学習活動	授業ユニバーサルデザインの視点
❶どのように演奏するかについて思いをもつことができる 教師が鳴らした楽器の音が,どのように鳴らされたか考える。	演奏する思いをもちやすくするために,いろいろな鳴らし方をクイズ的に考える。
❷音色に気をつけて,打楽器を演奏する技能を身につける トライアングルとすずを用いて,鳴らし方を試す。	いろいろな音を考えやすくするために,鳴らす回数を限定する。
❸曲想を感じ取って表現を工夫する 「きらきらぼし」の曲の歌の部分が終わってからの4小節間を子どもがトライアングルやすずで演奏する。	曲想を感じ取って表現を工夫できるように,曲に合わせていろいろな演奏の仕方を比べてみる。

※本学習活動は,常時活動等と組み合わせて,1単位時間を構成することが望ましい。

4 展開例におけるポイント

❶どのように演奏するかについて思いをもつことができる

> Point
> 演奏する思いをもちやすくするために,いろいろな鳴らし方をクイズ的に考える。

「どのように演奏するかについて思いをもつ」とは，例えば，トライアングルやすずを「こうやって鳴らしたい！」という考えを子どもがもつことである。

 あててみてください。先生は，すずを，どのように鳴らしたと思いますか？

ついたてなどを使って，子どもから見えないように楽器を隠し，教師が楽器（すず・トライアングル）を鳴らす。すずであれば，振って鳴らしたり，持って手首をたたいて鳴らしたりする。子どもたちは，教師がすずをどのように鳴らしたのかを考え，発言する。

この発問の目的は，クイズを行っていくうちに，子どもたちが自分でも試してみたいという思いをもてるようにすることである。

❷音色に気をつけて，打楽器を演奏する技能を身につける

> Point
> いろいろな音を考えやすくするために，鳴らす回数を限定する。

 10回連続で鳴らして，いろいろな音を出してみてください。

今度は子どもたち自身が，いろいろな鳴らし方を試し，音色の違いを体験する。ポイントは，回数を「10回連続」と限定したことである。その範囲内で，子どもたちはいろいろな音色を探すことになる。

自由に鳴らしてよいとすると，本来の目的から逸れていってしまうこともある。特に低学年では注意したい。ねらいは「音色に気をつけて」なので，ある程度条件を限定した方が考えやすくなる。

ぼくは,「チーン,チーン」と鐘のような響く音にしました。

なるほど！　長く音を伸ばすと鐘のような音がするんだね。

　机間指導では子どもが見つけた鳴らし方を言語化できるようにする。言葉を用いて鳴らし方と音色が結びつくようにしていくことが大切である。

❸曲想を感じ取って表現を工夫する

> Point
> 　曲想を感じ取って表現を工夫できるように,曲に合わせていろいろな演奏の仕方を比べてみる。

　「曲想を感じ取って表現を工夫する」とは,その音楽に固有の雰囲気や表情,味わいを感じ取り,それをもとに表現をつくり出すことである。

「きらきらぼし」では,どんな音を出すといいかな？
いろいろな鳴らし方を比べてみよう。

　「きらきらぼし」の曲の歌の部分が終わってからの4小節間を,子どもの演奏部分とする。❷の学習活動を踏まえた上で,どのように鳴らしたら「きらきらぼし」の曲想に合うのか試すことができるようにする。
　「長く伸ばす音」「短く刻む音」など,❷で見つけたいろいろな鳴らし方とその音色を試してみて,どれが好きかを比べながら,曲に合う表現を考えられるようにする。

器楽の授業をチェンジ
第3・4学年

1 題材について

〈パートの役割を生かして生き生きと演奏しよう〉
「ラ　クンパルシータ」（ロドリゲス作曲）〔教育出版　4年生〕

　ウルグアイの作曲家ロドリゲスの作品であり，タンゴの名曲として名高い曲である。

2 授業ユニバーサルデザインの視点

・曲の特徴を意識して聴こうとしたり，感じ取ったことや想像したことを伝え合い，それを生かして演奏を工夫しようとしたりする意欲をもつようになってくる。
・曲の雰囲気や表情をリズム，旋律などの特徴と関わらせて捉えようとする。
・楽器の音色や演奏の仕方について興味・関心をもつ。
・様々な楽器を演奏したいという思いをふくらませるとともに，それらの演奏の仕方に興味・関心をもつようになる。

　第3・4学年の子どもの【器楽】の実態としては，このような傾向が見られる。これらの傾向が見られない子どもをもふくんで「より多くの子どもにとって，第3・4学年の【器楽】のねらいに沿った学習がしやすくなる」ようにしていく。

本題材は「パートの役割を生かして生き生きと演奏しよう」であり，鍵盤ハーモニカ，リコーダー，木琴などの器楽合奏を行うことがメインの活動である。実際に器楽合奏を行う前段階の，どのように演奏をしたらよいかを考えていく学習場面について学習指導案を作成した。

3　学習指導案

ねらい・学習活動	授業ユニバーサルデザインの視点
❶曲の特徴を捉えた表現を工夫する 二つの演奏を聴いて，違いを理解する。	曲の特徴を捉えやすくするために，聴き比べて，どちらが好きかを考える。
❷どのように演奏するかについて思いや意図をもつことができる 考えたことを「音楽の言葉」で説明する。	思いや意図を伝え合いやすくするために，「音楽のことば」〔共通事項〕を掲示する。
❸曲想と音楽の構造との関わりについて気づく すべてのパートを「ラララ」で歌ってみる。	曲想と音楽の構造との関わりに気づきやすくするために，すべてのパートを歌ってみる。

※本学習活動は，実際の器楽指導の時間とあわせて，3〜5時間扱いとすることが望ましい。

4　展開例におけるポイント

❶曲の特徴を捉えた表現を工夫する

> Point
> 　曲の特徴を捉えやすくするために，聴き比べて，どちらが好きかを考える。

「曲の特徴を捉えた表現を工夫する」とは，器楽表現を工夫する手がかりを曲の特徴に求めて表現をつくり出すことである。
　ここでは，「跳ねている感じ」と「ゆったりとした感じ」の「ラ　クンパルシータ」を子どもに聞かせて，どちらが好きか，そしてその理由を尋ねる。

 どちらが好きですか？　それはどうしてですか？

　ポイントは，「好きか嫌いか」である。「よいか悪いか」だと，子どもたちはどちらが正解かを考えてしまう。ここでの目的は，聴き比べて曲の特徴を意識することである。もし「ゆったりとした感じ」だと思ったとしても，それは間違いではない。
　ここでは，教師がピアノで「跳ねている感じ」と「ゆったりとした感じ」の「ラ　クンパルシータ」を演奏すると子どもたちも違いに気づきやすくなる。録音の場合は，そのような特徴がわかるものを用意する。

❷どのように演奏するかについて思いや意図をもつことができる

> Point
> 　思いや意図を伝え合いやすくするために，「音楽のことば」〔共通事項〕を掲示する。

　「どのように演奏するかについて思いや意図をもつ」とは，曲の特徴を捉えた表現を工夫する過程において，このように演奏したいという考えをもつことである。例えば，「跳ねている感じを表すために，スタッカートがついているところは音をはずませて演奏しよう」といったことである。

 どのように演奏したらよいですか？　「音楽の言葉」を使って，考えてみましょう。

ここは,「ラ　クンパルシータ」をどのように演奏したらよいかを「音楽の言葉」〔共通事項〕をもとに,考えていく能力を高める場面である。
　特に,「リズム」はどうしたらよいか(跳ねている感じ,ゆったりとした感じ),「速度」はどうしたらよいか(メトロノームを使用してもよい),を考えていくとよい。
　「板書や掲示物をチェンジする」の項でもふれたが,「音楽の言葉」〔共通事項〕を掲示物等で表しておくと,このような場面で活用することができる。

❸曲想と音楽の構造との関わりについて気づく

> Point
> 　曲想と音楽の構造との関わりに気づきやすくするために,すべてのパートを歌ってみる。

　「曲想と音楽の構造との関わりについて気づく」とは,例えば,「スタッカートがはっきり聞こえるのは,楽器ごとに役割が分担されているから」といったことに気づくことである。
　❷までで学習したことをもとに,すべてのパートを「ラララ」で歌ってみる。いきなり楽器で演奏するよりも,一度声に出して確認した方がよりパートの役割がわかりやすくなる。
　自分の楽器のパートだけ練習して合奏する,では音楽の構造との関わりに気づくためには不十分である。それぞれのパートがどのようなことをしているのか,まずお互いを知ることができるような学習活動が必要である。

器楽の授業をチェンジ
第5・6学年

1 題材について

〈せん律の動きや重なりをきき合って演奏しよう〉
「カノン」（パッヘルベル作曲）〔教育出版　6年生〕

　「カノン」は，一つの旋律をいくつかのパートが一定の間隔をあけて演奏を始め，追いかけるように進む音楽である。後のパートは同じ音からだけでなく，違う高さの音から始めることもある。
　パッヘルベルの「カノン」には，リズムが細かく難易度の高いメロディもあるが，高学年のソプラノリコーダーの技能レベルで無理なく演奏できる部分のみを抜粋する。

2 授業ユニバーサルデザインの視点

・曲の特徴を意識して聴こうとしたり，自分の思いや意図が聴き手に伝わるような表現をしたりしようとする意欲が高まってくる。
・曲の雰囲気や表情を様々な音楽を形づくっている要素と関わらせて捉えようとする。
・多様な楽器の音色や演奏の仕方についての興味・関心が高まる。
・範奏を聴いて曲や演奏のよさや美しさを判断する力が身についてくる。また，中学年でのハ長調の視奏に慣れ親しんだ経験を生かして，楽譜を見て演奏することへの関心が高まる。

・多様な音楽に対する関心や楽器の演奏への意欲が高まってくる。

　第5・6学年の子どもの【器楽】の実態としては，このような傾向が見られる。しかし，同時にこれらの傾向が見られない子どもとの差が開いてくる時期でもある。
　「より多くの子どもにとって，第5・6学年の【器楽】のねらいに沿った学習がしやすくなる」ために，本時では，実際に演奏する前の段階，「旋律の動きや重なり」を踏まえた表現を考えるために，グループでの学習活動をメインにした学習指導案を提案する。

3　学習指導案

ねらい・学習活動	授業ユニバーサルデザインの視点
●曲の特徴にふさわしい表現を工夫する ●どのように演奏するかについて思いや意図をもつ ●曲想と音楽の構造との関わりについて理解する グループごとに，「旋律の動きや重なり」を踏まえた表現を考える。	「旋律の動きや重なり」を踏まえた表現を工夫しやすくするために，自分に合った学び方を選べるようにする。

※本学習活動は，実際の器楽指導の時間とあわせて，1～3時間扱いとすることが望ましい。

4 展開例におけるポイント

- ●曲の特徴にふさわしい表現を工夫する
- ●どのように演奏するかについて思いや意図をもつ
- ●曲想と音楽の構造との関わりについて理解する

> Point
> 「旋律の動きや重なり」を踏まえた表現を工夫しやすくするために，自分に合った学び方を選べるようにする。

「曲の特徴にふさわしい表現を工夫する」とは，器楽表現を工夫する根拠を曲の特徴に求めて表現をつくり出すことである。本時では「旋律の動きや重なり」に焦点化する。

本時は【器楽】での扱いである。使用する楽器はソプラノリコーダーや鍵盤ハーモニカなど，揃えるとよい。なぜなら，みんな同じ楽器であれば「音色」という要素がいらなくなり，純粋に「旋律の動きや重なり」に耳がいくようになるからである。つまり「旋律の動きや重なり」という，この曲の大きな特徴に焦点化しやすくなる。

本時では，パート別ではなく，「学び方」別に三つのグループを編成する。それぞれのグループには，楽譜，音源等を用意した上で，必要に応じてそれぞれの「学び方」に応じた教材・教具や楽器等を使えるように認めていく。

❶【歌って発見グループ】

どのように演奏したらよいか，「旋律の動きや重なり」を踏まえた表現にするために，「タ〜タタタ〜タタタ〜」と口ずさんだり，階名唱をしたりする中で考えるグループである。

「旋律の動きや重なり」に焦点化するので，例えばブレスの場所を全員で揃えるとどのような効果があらわれるか，など歌うことで気づいたことやわ

かったことを，グループ内で対話したり，他のグループに音楽の言葉を使って伝えたりすることができるようになるとよい。

❷【動いて発見グループ】
　この曲は，パートごとの旋律が「追いかけっこのよう」と表現されることがある。なので，例えば，「おにごっこ」というテーマでこの曲を捉えてみたらどうなるだろうか。まず，パートごとにどのような動きかを考えてみる。そして，全員の動きを合わせるとどんなおにごっこになるのかを考えてみると面白い。その状況を撮影して，後で確認できるようにするため，タブレットなど動画を撮影できるものを用意するとよい。

❸【分析して発見グループ】
　「音楽の言葉」〔共通事項〕をもとにして，楽譜から，曲想と音楽の構造との関わりを分析していくグループである。
　例えば，「強弱は，音符の動きがあるパートが引き立つように，音を伸ばしているパートは音を弱めにするとよい」「リズムを合わせるために，音が細かいところはお互いを意識して演奏するとよい」ということを，いくつか発見できるようにする。

　本時のねらいを達成するための，自分の特性に合った学び方でのグループ学習活動である。人数に応じて，同じグループをいくつかの小グループに分けて取り組んでもよい。
　教師は，各グループの活動を巡回しながら，必要に応じて「旋律の動きや重なり」に着目できるようアドバイスをしていく。
　この学習活動で，「旋律の動きや重なり」を理解できることによって，実際にリコーダー奏をする時も，「旋律の動きや重なり」を意識して演奏できるようになるだろう。
　この学習の後は，実際に楽器を使って演奏していく学習活動を行っていく。

音楽づくりの授業をチェンジ
第1・2学年

1 題材について

〈はくを　かんじながら　なまえあそびを　しましょう〉
「なまえあそび」〔教育芸術社　1年生〕

　食べ物の名前をリズムに合わせて言っていく「なまえあそび」をする題材である。
・みんなで，3文字の食べ物の名前を一つ選ぶ。
・みんなで，手拍子を打ちながら「○・○・○・はい」と言う。最初は3文字の食べ物から，慣れてきたら文字数の違う食べ物でやってみる。
・上記のやり方に慣れてきたら，みんなで丸く輪になり，各自が好きな食べ物の名前を考える。手を打ちながら，一人ずつ順に「○・○・○・はい」と言って，リズムを回していく。

2 授業ユニバーサルデザインの視点

・声や身の回りの音の面白さに気づいて，音遊びを楽しむ様子が見られる。

　第1・2学年の子どもの【音楽づくり】の実態としては，このような傾向が見られる。この傾向が見られない子どもへの対応だけでなく，「より多くの子どもにとって，第1・2学年の【音楽づくり】のねらいに沿った学習がしやすくなる」ようにしていく。

3 学習指導案

ねらい・学習活動	授業ユニバーサルデザインの視点
❶音楽づくりの発想を得ることができる 「食べ物」の名前をリズムに合わせて言う。	音楽づくりの発想を得やすくするために，言葉を視覚的に表すようにする。
❷どのように音を音楽にしていくかについて思いをもつ 友達と言葉をつなげて，音楽づくりをする。	音遊びを楽しみやすくするために，最初の活動を発展させた学習活動にする。

※本学習活動は，常時活動等と組み合わせて，1単位時間を構成することが望ましい。

4 展開例におけるポイント

❶音楽づくりの発想を得ることができる

> **Point**
> 音楽づくりの発想を得やすくするために，言葉を視覚的に表すようにする。

「音楽づくりの発想を得る」とは，声や身の回りの様々な音を，その場で選んだりつなげたりする中で生まれる「これらの音をこうしたら面白くなる」という考えをもつことである。

声で発せられる言葉も「音」である。本時は，言葉をリズムに合わせて話すと面白くなるということを味わう学習活動である。

言葉とリズムを結びつけることが目的である。そのために，子どもたちに

親しみのある「食べ物」の言葉を取り上げることにする。

 どうやったら,「たまご」を「○・○・○・はい」のリズムに合わせることができるかな。

「食べ物」をイラストつきで、カードのようにしておく。このカードを見せながら,「た・ま・ご・はい」とリズムに合わせて言うようにする。

ポイントは,指示や説明を口頭だけでなく,視覚的に表すようにすることである。口頭だけだとイメージのわきにくい子どもも,視覚的なイメージがあると,何を言ったらよいかがわかりやすくなる。より多くの子どもが音楽づくりの発想を得やすくするためには,視覚的な支援がポイントである。

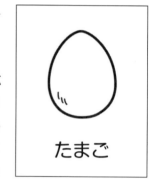

「この食べ物だったらどうなるかな」という思いをもつこと,それがここでいう「音楽づくりの発想を得る」ことである。

❷どのように音を音楽にしていくかについて思いをもつ

Point
音遊びを楽しみやすくするために,最初の活動を発展させた学習活動にする。

「どのように音を音楽にしていくかについて思いをもつ」とは,試しながら音楽をつくる過程において,このような音楽をつくりたいという考えをもつことである。

「音を音楽にしていく」とは反復,呼びかけとこたえ,変化などの「音楽の仕組み」を用いながら,音やフレーズを関連づけて音楽にしていくことである。

❶で「食べ物」の言葉をリズムに合わせて言う学習活動を行ったので，ここでは，その「食べ物」をいくつかつなげていく学習活動を行う。ポイントは，ただ「食べ物」を羅列していくのではなく，そのつなげ方を子どもが創意工夫しやすくすることである。

　料理を完成させましょう。食べ物が6種類あるんだけど，どうやったらつなげられるかな。

　「メニューカード」には「ぎょうざ」「カレーライス」「チーズハンバーグ」などの料理と，その料理に使う具材の名前を6種類ほどのせておく。

　例えば，「オムライス」であれば，「た・ま・ご・はい」「ご・は・ん・はい」「ケ・チャ・ッ・プ・はい」「た・ま・ねぎ・はい」「とり・にく・はい」「に・ん・じん・はい」のように，つなげていく。

　「いためる順で食べ物をつなげる」というような発想が出てきても面白いし，「た・ま・ねぎ・ジュウ！」と擬音に変えても楽しめる。

　自分たちで考えた遊び方は，一番興味がわくものである。

3章　ユニバーサルデザインの視点でつくる新しい授業プラン　121

音楽づくりの授業をチェンジ
第3・4学年

1 題材について

〈音の組み合わせを考えて、歌と合わせてえんそうしましょう〉
「音のカーニバル」(芙龍明子作詞　橋本祥路作曲)〔教育芸術社　4年生〕

　自然に手拍子や打楽器を使って演奏したくなるような雰囲気の曲であり、歌とリズムが一体化している。いろいろな打楽器を使って、歌と一緒に楽しく表現することができる題材である。

2 授業ユニバーサルデザインの視点

・低学年での音遊びの経験をもとに、各楽器の音の響きのよさや面白さに気づくようになり、自分が表したい音の響きやそれらの組み合わせを試そうとする。

　第3・4学年の子どもの【音楽づくり】の実態としては、このような傾向が見られる。この傾向が見られない子どもへの対応だけでなく、「より多くの子どもにとって、第3・4学年の【音楽づくり】のねらいに沿った学習がしやすくなる」ようにしていく。

3 学習指導案

ねらい・学習活動	授業ユニバーサルデザインの視点
❶即興的に表現することを通して，音楽づくりの発想を得ることができる 同じ打楽器から，二つの違う音がどのように出せるのかを考える。	音楽づくりの発想を得やすくするために，楽器の音の出し方をクイズにする。
❷音を音楽へと構成することを通して，どのようにまとまりを意識した音楽をつくるかについて思いや意図をもつことができる 「音のカーニバル」の歌に合った音色の工夫を考える。	各楽器の音の響きのよさや面白さに気づきやすくするために，ワークシートをわかりやすくする。

※本学習活動は，音楽づくりを考える場面のみ掲載した。実際の演奏場面とあわせて，1〜2時間扱いとすることが望ましい。

4 展開例におけるポイント

❶即興的に表現することを通して，音楽づくりの発想を得ることができる

> Point
> 音楽づくりの発想を得やすくするために，楽器の音の出し方をクイズにする。

「即興的に表現する」とは，あらかじめ楽譜などに示されている通りに表現するのではなく，友達と関わりながら，その場でいろいろな音を選択したり組み合わせたりして表現することである。

「音楽づくりの発想を得る」とは、いろいろな音の響きをその場で選択したり組み合わせたりする中で生まれる「これらの音をこうしたら面白くなる」という考えをもつことである。

ここでは、子どもにたたく動作が見えないようにして、同じ打楽器を使って、二つの違う音を出してみる。例えば、シンバルをたたく時に、かたさの違う2種類のマレットを使ってみたり、たたく位置を変えてみたりする。

そして、クイズの形で子どもたちに尋ねる。

 先生は、どうやって音を変えたでしょう？

特に授業の導入の場面では、子どもたちが意欲をもったり、思考しやすくなったりするので、クイズの形を用いることは有効である。

❷音を音楽へと構成することを通して、どのようにまとまりを意識した音楽をつくるかについて思いや意図をもつことができる

> Point
> 各楽器の音の響きのよさや面白さに気づきやすくするために、ワークシートをわかりやすくする。

「音を音楽へと構成する」とは、反復、呼びかけとこたえ、変化、音楽の縦と横との関係などの「音楽の仕組み」を用いながら、音やフレーズを関連づけてまとまりのある音楽にしていくことである。

「まとまりを意識した音楽」とは、曲の構成を工夫している音楽のことである。

「どのようにまとまりを意識した音楽をつくるかについて思いや意図をもつ」とは、試行錯誤しながら音楽をつくる過程において、このような音楽を、このように構成してつくりたいという考えをもつことである。

「音のカーニバル」は、楽曲全体を通して、歌とリズムが一体化しており、

旋律とリズムが会話しているように呼びかけ合ったり，重なったりしている。

また，リズムパートの音色を考えることで，音色の対比や変化の面白さを味わうことができる曲である。

音色の組み合わせを歌と合わせることで，より楽しくなる。そこで，いくつかの打楽器を用意し，それぞれの箇所でどのように音を鳴らしたら面白くなるか，その組み合わせを考えて歌と合わせる学習活動を行う。

ここでは，ワークシートを工夫した。ワークシートには，「楽器カード」を貼れるように，マグネットをあらかじめ貼っておく。すぐに「楽器カード」の入れ替えができるので，操作がしやすくなる。

また，楽譜と一体化することで，このワークシートが楽譜のかわりとなる。

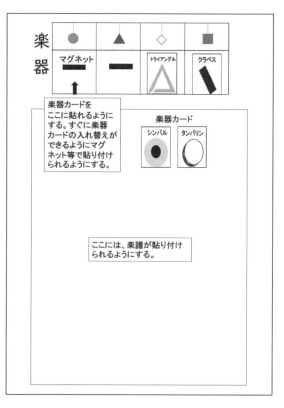

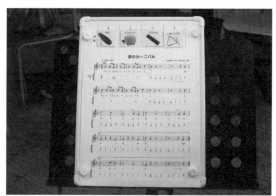

楽譜出典：『小学生の音楽4』（平成27年度〜）教育芸術社

音楽づくりの授業をチェンジ
第5・6学年

1 題材について

〈和音にふくまれる音を使って旋律をつくりましょう〉
〔教育芸術社　6年生〕

　本題材は，和音にふくまれる音をつなぐことによって，和音の移り変わりにぴったりと合うまとまりのある旋律をつくる学習活動である。
・1度の和音→4度の和音→1度の和音→5度の7の和音→1度の和音を基本とする。
・和音にふくまれる音を選んで，まとまりのある旋律をつくる。
・リズムを変えて，気に入った旋律に仕上げる。

　音のつなぎ方は何通りもある。いろいろと試してみながら，気に入った旋律をつくることができるようにする。

2 授業ユニバーサルデザインの視点

・中学年までの即興的に表現する活動をもとに，いろいろな音の響きのよさや面白さに気づくようになり，自分が表したい音の響きの組み合わせを試しながら，よりよい表現を探ろうとする。
・まとまりを意識して音楽をつくろうとする。

第5・6学年の子どもの【音楽づくり】の実態としては，このような傾向が見られる。しかし，同時にこれらの傾向が見られない子どもとの差が開いてくる時期でもある。「より多くの子どもにとって，第5・6学年の【音楽づくり】のねらいに沿った学習がしやすくなる」ために，本時では，グループでの学習活動をメインにした学習指導案を提案する。

3　学習指導案

ねらい・学習活動	授業ユニバーサルデザインの視点
●音を音楽へと構成することを通して，どのように全体のまとまりを意識した音楽をつくるかについて思いや意図をもつことができる グループごとに，和音にふくまれる音を選んで，まとまりのある旋律をつくる。	着眼点をもちやすくするために，自分に合った学び方を選べるようにする。

※本学習活動は，常時活動等と組み合わせて，1～2単位時間を構成することが望ましい。

4　展開例におけるポイント

●音を音楽へと構成することを通して，どのように全体のまとまりを意識した音楽をつくるかについて思いや意図をもつことができる

> Point
> 　着眼点をもちやすくするために，自分に合った学び方を選べるようにする。

　「音を音楽へと構成する」とは，反復，呼びかけとこたえ，変化，音楽の

縦と横との関係などの「音楽の仕組み」を用いながら，音やフレーズを関連づけてまとまりのある音楽にしていくことである。

「全体のまとまりを意識した音楽」とは，曲全体の構成を工夫している音楽のことである。

「どのように全体のまとまりを意識した音楽をつくるかについて思いや意図をもつ」とは，試行錯誤しながら音楽をつくる過程において，このような音楽を，このように全体を構成してつくりたいという考えをもつことである。例えば，「遠くからきた動物の群れが近づいた後，走り去っていくような音楽にしたいので，一つの楽器でゆっくり始めてからいくつかの楽器を徐々に重ね，中間の部分では，速度を速めて全員で音を出し，徐々に楽器を減らしながら弱くして，最後は一つの楽器で終わりたい」といったことである。

ここでは，和音にふくまれる音を選んで，まとまりのある旋律をつくる学習活動を行う。「このような音楽を，このように全体を構成してつくりたいという考えをもつこと」ができるようにすることが目的である。

この学習活動を進めるにあたり，着眼点をどのようにもつか，つまり，着眼点をもちやすくすることがポイントである。そこで，曲想の着眼点別のグループ編成を採用してみる。着眼の仕方から音楽づくりへ向かいやすくするために，「学び方」（どのグループに入るか）を選べるようにしていく。

例えば，以下のような着眼点別グループ編成を用意した。子どもは，自分の着眼点に近いグループを選ぶようにする。

【ことばグループ】

詩的な文章やリズミカルな文章から旋律をイメージするグループ

「金子みすゞの『大漁』の詩を表現しました。『大漁だ』はイワシの大群の様子を短い音符で，『鰮(いわし)のとむらい』は長い音符を使って旋律をつくりました」

【きもちグループ】

自分の感情をもとにして旋律をイメージするグループ

「『遅刻しそうな朝』をイメージして，学校のチャイムで最初は短いリズムであせっている様子を表現して，最後は長めのリズムで『間に合った～』というホッとした気持ちを表現しました」

【せいかつグループ】
　生活の中の音楽に着想のヒントを得て，旋律をイメージするグループ
「駅の発車ベルをイメージして，最後の音は1オクターブ上の音を使いました」

【ビジュアルグループ】
　映像効果に着想のヒントを得て，旋律をイメージするグループ
「『シャボン玉』をイメージして，付点の音符でシャボン玉が割れる様子を表現しました」

【からだグループ】
　身体表現をもとに旋律をイメージするグループ
「『ラジオ体操』をイメージしました。運動がしやすくなるように，付点の音符で，はずむような感じにしました」

【ともだちグループ】
　他者との感情の交流をもとにして，旋律をイメージするグループ
「友達と会話しているようにするために，旋律が反復するようにしました」

【自然グループ】
　自然を表現する旋律をイメージするグループ
「雨の音をイメージしました。雨の音をスタッカートで，雨粒がはねるような表現にしました」

鑑賞の授業をチェンジ
第1・2学年

1 題材について

〈みみをすまして いろいろな おとを ききましょう〉
「シンコペーテッドクロック」(アンダソン作曲)〔教育芸術社 1年生〕

　「シンコペーテッドクロック」は,ウッドブロックが時計の音を表現している。ウッドブロックは,カッコカッコと同じリズムを繰り返しているが,時々リズムが変わることがある。また,チリリリリーンという目覚ましのベルの音をトライアングルが表現している。

2 授業ユニバーサルデザインの視点

・音や音楽に対する興味・関心が高まり,楽器の音色や人の声の特徴などに注目したり音楽に合わせて体を動かしたりしながら,体全体で音楽を受け止めて聴こうとする。

　第1・2学年の子どもの【鑑賞】の実態としては,このような傾向が見られる。これらの傾向が見られない子どもをもふくんで,ウッドブロックとトライアングルの音色の違いに気をつけて聴けるようにすることで,「より多くの子どもにとって,第1・2学年の【鑑賞】のねらいに沿った学習がしやすくなる」ようにしていく。

3 学習指導案

ねらい・学習活動	授業ユニバーサルデザインの視点
❶曲や演奏の楽しさを見いだすことができる。曲全体を味わって聴くことができる 曲の中で出てくる楽器はどれかを考える。	楽器の音や曲に対する興味・関心が高まりやすくするために，事前に，聴くべき音を焦点化する。
❷曲想と音楽の構造との関わりについて気づく 楽器の音が聞こえたら立つ・座る，楽器の絵をさわる，体のどこかを動かす。	楽器の音色や特徴などに注目しやすくするために，動作化を段階的に行う。

※本学習活動は，常時活動等と組み合わせて，1単位時間を構成することが望ましい。

4 展開例におけるポイント

❶曲や演奏の楽しさを見いだすことができる。曲全体を味わって聴くことができる

> Point
> 楽器の音や曲に対する興味・関心が高まりやすくするために，事前に，聴くべき音を焦点化する。

「曲や演奏の楽しさを見いだす」とは，音楽的な理由にふれながら，曲の楽しさや，異なった演奏形態や演奏者などによる演奏の楽しさについて考えをもつことである。

「曲全体を味わって聴く」とは，曲や演奏の楽しさについて考えをもち，曲全体を聴き深めることである。

例えば，「この曲の楽しいところは，ウッドブロックとトライアングルが何回も出てくるところ」というようなことである。

本時ではまず，曲を聴く前に，聴くべき楽器の音を焦点化する。

 今から聞く曲で出てくる楽器は，次のうちどれでしょう。

選択肢は，ウッドブロックとトライアングルを含めて3～4個の楽器にするとよい。選択肢を子どもに示す時は，楽器の実物と，どのような音がするのかをあわせて示す。

曲を聴く前にこの発問をすることがポイントである。なぜなら，このように発問してから曲を聴くと，子どもたちが，曲を聴きながらそれぞれの楽器の音に注目しようとするからである。

❷曲想と音楽の構造との関わりについて気づく

> Point
> 楽器の音色や特徴などに注目しやすくするために，動作化を段階的に行う。

「曲想と音楽の構造との関わりについて気づく」とは，例えば「楽しく感じるのは，カッコカッコと同じリズムを繰り返して打っているのに，時々リズムが変わったり，途中からチリリリリーンという音が入ったりするから」といったことに気づくことである。

低学年では，ただ曲を聴くだけではなく，動作を取り入れていくことが有効である。ここでは，いくつかの動作化を行う。

【立つ・座るの動作化】
　ウッドブロックの音が鳴っている間は立つ，鳴っていなかったら座る，というルールにする。
　この学習活動では，どうやったら間違わずにできるか，攻略の仕方を子どもたちが考えるようにするとよい。
　ただ動作化を行うのではなく，「楽器の音色に注目して聴く」ことを事前に意識させておくことが大切である。

【楽器の絵をさわる動作化】
　立つ・座るの動作化は一つの音だけを聴けばよかったが，今度はウッドブロックとトライアングルの二つの音を同時に聞く学習活動である。それぞれの楽器が鳴っている間は楽器にさわる，鳴っていない時はさわらない，というルールにする。
　机上でもできるように，ウッドブロックとトライアングルのイラストを，全員に配付するとよい。

【体のどこかを動かす動作化】
　ウッドブロックの音に合わせて，足踏みする，手を振る，首を傾けるなどの動作化をする。
　リズムの変化するところで，おそらく笑いが起こるだろう。そこで，「どうして面白かったの？」と尋ねる。そうすると，この曲は途中でリズムが変化するところが面白いということがわかる。
　ここでの目標は，「曲想と音楽の構造との関わりについて気づく」ことなので，「この曲は途中でリズムが変化する」というところに気づくことで「音楽の構造」の視点に立つことができるようになる。
　つまり，動作化を学習活動に取り入れる際にも，ただ子どもたちが楽しく行えるという点だけを考えるのではなく，本時の目標を意識しておくことが大切である。

鑑賞の授業をチェンジ
第3・4学年

1 題材について

〈せんりつの音の上がり下がりやリズムに気をつけてききましょう〉
「メヌエット」(ベートーベン作曲)〔教育芸術社　3年生〕

　「メヌエット」は，フランスの宮廷舞曲として，ベートーベンだけでなく，他の有名な作曲家によってもつくられている。「ワルツ」と同じ3拍子のリズムだが，「メヌエット」はゆったりとしたテンポが特徴である。
　ベートーベンの「メヌエット」は，A－B－Aの形式で曲が構成されている。「なめらかなリズム」の部分と，「はずんだようなリズム」の部分が，子どもたちに理解しやすい曲である。

2 授業ユニバーサルデザインの視点

・音楽の特徴を捉え，旋律やリズムの反復及びその変化に興味をもって聴こうとする。

　第3・4学年の子どもの【鑑賞】の実態としては，このような傾向が見られる。これらの傾向が見られない子どもへの対応だけでなく，「より多くの子どもにとって，第3・4学年の【鑑賞】のねらいに沿った学習がしやすくなる」ようにしていく。

3　学習指導案

ねらい・学習活動	授業ユニバーサルデザインの視点
❶曲や演奏のよさなどを見いだす。曲全体を味わって聴く 曲を聴いて、どんな人が踊っているのかを考える。	曲や演奏のよさを見いだしやすくするために、踊りの様子を視覚的に提示する。
❷曲想及びその変化と、音楽の構造との関わりについて気づく 曲をどこで区切るのがよいかを考える。	旋律やリズムの反復及びその変化を他者に伝えやすくするために、「音楽の言葉」〔共通事項〕を掲示する。

※本学習活動は、常時活動等と組み合わせて、1単位時間を構成することが望ましい。

4　展開例におけるポイント

❶曲や演奏のよさなどを見いだす。曲全体を味わって聴く

> Point
> 曲や演奏のよさを見いだしやすくするために、踊りの様子を視覚的に提示する。

「曲や演奏のよさなどを見いだす」とは、音楽的な理由を伴って、曲がもつよさや、様々な演奏形態や演奏者による演奏のよさなどについて考えをもつことである。

「曲全体を味わって聴く」とは、曲や演奏のよさなどについて考えをもち、曲全体を聴き深めることである。例えば、「優雅な踊りの様子を表現するために、曲全体が3拍子のリズムで、ゆったりとしたテンポ」ということを意

識して聴くことである。

予想してください。この曲は，ある国の「踊りの音楽」なんだけど，どんな人が踊っていたと思いますか？　なぜ，そう思ったのですか？

ここで，フランスの宮廷貴族の絵の他に，日本，アジア，アフリカなど世界各地の踊りの場面の絵や写真を提示する。

子どもたちが，選択肢を参考に予想をしたら，なぜ，そのように予想したのか，理由を尋ねる。

いろいろな世界各地の踊りを視覚的に提示することで，「ゆったりした感じだから」「優雅な感じだから」などの意見が出やすくなる。

この曲は3拍子です。なぜ，ベートーベンはメヌエットを3拍子にしたのでしょうか？
もう1回聴いてみましょう。

この曲でまず押さえておきたい事項は「拍」である。メヌエットは「3拍子」のリズムであるということがわかりやすい。

3拍子のリズムが，踊りの音楽として機能していることを意識して聴けるようにするために，「なぜ，メヌエットは3拍子なのか」という問いを出した上で，再度，曲を聴くことにする。

「拍」は〔共通事項〕にも示されている。【鑑賞】の学習活動は，〔共通事項〕を学ぶ時間として最適である。

❷曲想及びその変化と，音楽の構造との関わりについて気づく

Point

旋律やリズムの反復及びその変化を他者に伝えやすくするために，

| 「音楽の言葉」〔共通事項〕を掲示する。 |

　「曲想」とは，その音楽に固有の雰囲気や表情，味わいのことである。「曲想及びその変化」とは，曲全体の雰囲気や表情，味わいとその移りゆく変化のことである。
　「曲想及びその変化と，音楽の構造との関わりについて気づく」とは，例えば，「流れるような感じから，軽やかに踊っている感じに変わったのは，ゆっくりゆったり弾いている旋律と，速く細かく弾いている旋律が交代で出てきているから」といったことに気づくことである。
　ここでは，この曲の「音楽の構造」の特徴である，「A－B－Aの形式」に気づくことができるようにする。

この曲は三つに分かれます。どこで区切るのがよいですか？
音楽の言葉を使って教えてください。

　「どこで」という言葉は，「場所」を探すための言葉である。しかし，曲において「場所」を言葉で説明することはとても難しい。
　「音楽の言葉」〔共通事項〕を使用すると説明しやすくなるということに，子どもたちが気づけるようにすることが大切である。
　「リズム」「旋律」などをカードにして，掲示しておくと，子どもたちは「この言葉を使って話せばいいんだ」というようにわかりやすくなる。例えば，このように答えることができる。

「なめらかなリズム」から「はずんだようなリズム」に変わったところです。

鑑賞の授業をチェンジ
第5・6学年

1 題材について

〈曲想の移り変わりを味わいながらききましょう〉
「ハンガリー舞曲 第5番」(ブラームス作曲)〔教育芸術社 6年生〕

　「ハンガリー舞曲」では，全21曲のうち特に第5番が有名である。ジプシー音楽の特徴がみられる楽曲であり，短調の主題から始まり，中間部分でハ長調に転じるなど，四つの旋律が組み合わされている（A－B－C－D－A－Bの形式）。

2 授業ユニバーサルデザインの視点

・旋律，楽器の音色，音の重なりとともに，反復及びその変化など様々な音楽の特徴を捉えて聴こうとする。

　第5・6学年の子どもの【鑑賞】の実態としては，このような傾向が見られる。しかし，同時にこれらの傾向が見られない子どもとの差が開いてくる時期でもある。「より多くの子どもにとって，第5・6学年の【鑑賞】のねらいに沿った学習がしやすくなる」ために，本時では，グループでの学習活動をメインにした学習指導案を提案する。

3 学習指導案

ねらい・学習活動	授業ユニバーサルデザインの視点
●曲や演奏のよさなどを見いだす ●曲全体を味わって聴く ●曲想及びその変化と，音楽の構造との関わりについて理解する グループごとに，曲の特徴を考え，「音楽の言葉」を使って説明する。	曲想及びその変化と，音楽の構造との関わりについて理解しやすくするために，自分で学び方を選べるようにする。着眼点がわかりやすくなるようにワークシートを使用する。

※本学習活動は，常時活動等と組み合わせて，1単位時間を構成することが望ましい。

4 展開例におけるポイント

●曲や演奏のよさなどを見いだす
●曲全体を味わって聴く
●曲想及びその変化と，音楽の構造との関わりについて理解する

> Point
>
> 曲想及びその変化と，音楽の構造との関わりについて理解しやすくするために，自分で学び方を選べるようにする。着眼点がわかりやすくなるようにワークシートを使用する。

「曲や演奏のよさなどを見いだす」とは，音楽的な根拠に基づいて，曲がもつよさや，様々な演奏形態や演奏者による演奏のよさなどについての考えをもつことである。

「曲全体を味わって聴く」とは，曲や演奏のよさなどについて考えをもち，曲全体を聴き深めることである。例えば「この曲は，なめらかな感じの旋律，

速度の速い旋律，はずむような旋律，ゆっくりめな感じの旋律と四つの旋律があり，同じ旋律でもいきなり速くなったり遅くなったりするところが面白く，聴いていると思わず指揮のまねをしたくなってくるから好きだ」など，曲全体を見通しながら，曲や演奏のよさなどについて考えをもって判断し，曲全体を味わって聴くことができるようにすることである。

「曲想及びその変化と，音楽の構造との関わりについて理解する」とは，例えば，「かわいらしい感じのする，はずむような旋律の部分は，スタッカートで高い音を使っているから」「ゆっくりな旋律の部分は，自分の世界に入っていくような気持ちになる。それは，だんだんと大きくなるクレッシェンドの繰り返しだから」といったことを理解することである。

本時では，曲想及びその変化と，音楽の構造との関わりを理解するための「学び方」別に三つのグループを編成する。それぞれのグループには，楽譜，音源等，ワークシートを用意する。

「ハンガリー舞曲 第5番」は，曲想の移り変わり，旋律の繰り返しや変化，響き，速度の変化などが特徴的である。高学年向きの，より高度な着眼点ともいえる。

そのため，ワークシートを着眼点別に作成することがポイントである。ここでは「曲想の移り変わり」「旋律の繰り返しや変化」「響き」「速度の変化」ごとに作成する。着眼点別に作成するということは，着眼点をあらかじめ明確化するということでもある。

つまり，「曲をどのように聴くか」というところは子どもの学び方に応じた選択肢を用意し，「曲のどこに着眼するか」というところはあらかじめ明確化するということである。それが，「より多くの子どもにとって，第5・6学年の【鑑賞】のねらいに沿った学習がしやすくなる」ためのポイントである。

❶【歌って発見グループ】

「タ～タタ～タタ～タタタ～」と口ずさんだり，階名唱などで実際に歌っ

てみたりして，どのような感じがするのかを分析する。

❷【動いて発見グループ】

曲に合わせて指揮をしてみて，どのような感じがするのかを分析する。

❸【分析して発見グループ】

曲を聴き，それぞれの旋律ごとに，曲想や特徴を言語や図，数値などを使って表現する。

人数に応じて，同じグループをいくつかの小グループに分けて取り組んでもよい。教師は，各グループの活動を巡回しながら，必要に応じて「曲想の移り変わり」「旋律の繰り返しや変化」「響き」「速度の変化」に着目できるようアドバイスをしていく。

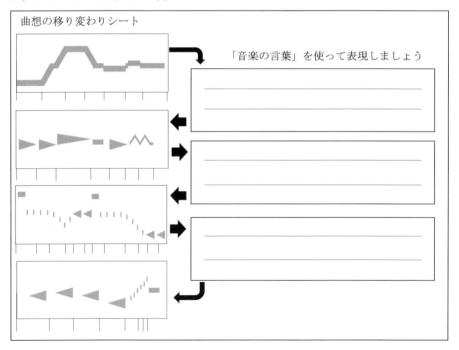

Column

同じ楽器の演奏者でも

　同じ楽器でも，演奏者によって演奏の仕方が大きく異なることがある。
　例えば，A先生とB先生という，同じ楽器の演奏家がいたとする。
　A先生もB先生も，演奏者として，まず楽譜通り忠実に演奏しようとする。しかし，楽譜にはすべての表現について事細かに書かれているわけではない。楽譜に書かれていない表現については，「作曲者はきっとこういうふうに演奏してほしいと思っているはず」「指揮者はきっとこういうふうに演奏してほしいと思っているはず」と自分なりに考えて，最善と思われる音色を演奏するのである。
　ここで大事なのは，A先生もB先生も，楽譜や指揮者の指示を，その音を表現する際の根拠としていることである。
　その根拠に基づいて，一番よい音とは何かを考えて演奏しているのである。同じ楽器の演奏者でも，考えが違えば，演奏の仕方は違う。
　さて，A先生もB先生も，指導者として弟子にその技術を伝承することがある。
　弟子の立場からすれば，自分に合った師を選べば，技術も上達し，師の考えを吸収していきやすい。しかし，自分に合わない師を選べば少々苦労するだろう。
　当然，学校では，子どもたちは教師を選ぶことはできない。
　だから，音楽担当教師は，子どもの学び方に合わせていくことが必要なのである。子どもの学びに柔軟に合わせることのできる教師こそが，プロの教師であると思う。